新宿をつくった男

フリート横田

毎日新聞出版

戦後闇市の王・
尾津喜之助と昭和裏面史

尾津喜之助（提供・朝日新聞社）

人間。戦争がどんなにすさまじい破壊と運命をもって向うにしても人間自体をどう為しうるものでもない。戦争は終った。特攻隊の勇士はすでに闇屋となり、未亡人はすでに新たな面影によって胸をふくらませているではないか。人間は変りはしない。ただ人間へ戻ってきたのだ。人間は堕落する。義士も聖女も堕落する。それを防ぐことはできないし、防ぐことによって人を救うことはできない。人間は生き、人間は堕ちる。そのこと以外の中に人間を救う便利な近道はない。

（「堕落論」坂口安吾）

装画　影山徹
装幀・組版　戸塚泰雄

まえがき

襞の創世記

原色の光線に目の奥を刺してもらいたく、筆者は夜ごとネオンの巣、盛り場へ足を向けてしまう。ひとしきり享楽を味わうと今度はあべこべに、色のない、闇のなかに浮かぶ暗い灯りの集まるところへ目が移る。かつて歓楽の街にはあちこちに、色彩と光を吸い寄せる、襞《ひだ》のような一角があった。最後はそこへおのれの身も押し込んで、隠れたくなってしまうのだった。

昭和二十年を境にして、以後次々と街中に生じた襞。今やほとんどが消失した。

蚊の飛び回る谷地の川べり、線路の目の前……整然と切り揃えられた街区の片隅、どこか不自然な土地で、よれたまま七十余年眠ってきた昭和の襞。消防車も入れぬ狭隘《きょうあい》なスリットに、火災となれば瞬時に燃え広がる木造長屋が挟まり、内部にはふた坪み坪の小さな飲み屋のコマが詰まる。向かい合う長屋と長屋の間から夜空を見上げると、電線は絡み合い、地下には水道局に図面さえ残らない水道管が朽ちゆくままに埋設されている。防災、景観、都市整備の刻印の入った平成・令和製の焼きごてで次々と、こうした古びたよれはなめらかに、まっさらにならされてきた。

同時に、ママや大将たちが、先代、先々代の店主たちから口伝《くでん》で伝えられてきた〝襞の創世記〟もそのほとんどを消失した。「ここは誰が、どうやって、いつ作ったのか。なにがあったのか」、伝承者は姿を消し、すでに各所で断絶している。今、ためしにひとつの襞、暗い路地のなかへ入っていき、筆者が飲みながら拾い集めてきた昔話のかけらで、時間の層を掘ってみよう。

まず、この国が高度成長していく時代まで掘り進む。路地はいまほど暗くない。肩がぶつかるほどに人が行き来しており、長屋には三味線やギター、アコーディオンを抱えた「流し」が出入りし、酒を飲ませる店の真隣は、色を売る店であったりしている。店のあるじの多くは、若い夫婦。皆、豊かさを求めて集まってきた人々だ。

もっと古い時代の層まで掘ってみる。

長屋は、飲み屋ばかりでもなくなっている。酒場だったコマが金物屋であったり古着屋であったりする。店主たちはおしなべて栄養不足で青白く痩せ、垢じみた軍服を着た復員兵や、着の身着のまま大陸から逃れてきた引揚者、夫が戦地から還らぬまま乳飲み子をおぶう戦争未亡人であったりする。店のあるじたちは目まぐるしく入れ替わっていく。ただし、不潔極まりない一帯には不思議と、明るさが宿る。目立つのは、目つきの鋭い男たちが路地をうろついていること。彼らはテキヤ、と呼ばれる露店商人であった。一家や組を構え、ひとりの男・親分のもとに統《す》べられていた——。

これで、最古の時層、〝終戦直後〟まで掘り進んだ。さらに掘ろうとしてもそこには、路地もなにもない。あるのはただ、焼け跡ばかり。このときからすべては作られていった。

そこは〝闇市〟とか〝マーケット〟と呼ばれていた。以後戦災復興が進んでいき、大規模な区画整理がはじまってもなお踏みとどまった一角、集団移転した人々が作った一角が年月を重ね、いつしか都市の襞へと熟れていったのだった。

テキヤの王

創世記最初のページに刻まれてきた襞の創造主、テキヤ。香具師《やし》ともいう集団。その家名、統率者の神話を、十年ほど前まではあちこちの盛り場で耳にした。

ある古老は、恐怖で人々の上に君臨した悪魔や魔王のように言い、また別の古老は、寄る辺のない人々を助け守った救世主だと語った。戦後史の上に確かに足跡を残しながら、どう位置付けていいのかわかったような、そうでもないような気持ちのまま筆者はここ数年過ごしてきた。どちらにしても、間もなく全ては風化し、思い出す人はいなくなる。

ところが、永久に名が残っていくテキヤの王がいる——。

男の名は、尾津喜之助《おづきのすけ》。

関東尾津組組長。終戦直後を伝える数々の記録に名を刻ませた男の王府は、新宿にあった。襞、という

より盛り場そのもの、この国随一の歓楽街の生成に彼は大きく関与しているのである。敗北の日から数日にして、

「光は新宿より」

まばゆい惹句《じゃっく》を掲げ、新宿駅東口駅前の土地を占拠し、マーケットを開き、東京中のテキヤの総帥ともなった尾津。

それでも彼を評しようとすれば、およそ右の古老たちの下す評価と同じ、ゆれてしまう。同時代人のある者は、彼を「与太者」、「街の顔役」、「東京のアル・カポネ」と言ったり、また別の者は、「街の商工大臣」と持ち上げもした。やはりわかったような、そうでもないような気持ちが兆してくる。

あまりにも乱高下する評価に興味を惹かれ、調べを進めると、かえってゆらぎは増した。

闇市を作り、戦災者に炊き出しをし、無料診療所や無料葬儀社を設け、外国人勢力との抗争をおさめ、商工会議所設立をまとめ、衆院選にも打って出ながら、土地の不法占拠や恐喝で訴えられ、新聞社を主宰して不正を働く者を脅迫し、生涯のうち二十余年は獄中で過ごし、家族は彼をささえ、彼も妻や子ども、そして愛人までをも愛した男であったのだ。ひとつの像を結ばない。だが、面白い。

日本人は、組織の上部に推戴《すいたい》される人物に一種の英雄像を投影する。そのとき、好まれる英雄には型がある。往々にして、黙して語らず、ただ責任だけを引き受ける泰然とした人物。過去、任侠物語で描かれてきた大親分もまた何人もがここにおさまる。

筆者はあまり、そのような出木杉くんを追う気にはなれない。

尾津は大きく型からズレてゆく親分であった。英雄的表情をときに見せたにせよ、調べれば調べるほど、

彼自体のイメージは違う場所へと滑っていった。

匂い立つ人物像

まず多弁。さきほど「永久に名を残す」、と書いたのは、彼が戦後、いくつものインタビューに応えていっただけでなく、自伝的エッセイを二冊も残しているから。おのれのやったことをしゃべり、書き、世間にアピールしたがる。これは後世、筆者が追うに十分な資料を残しているということでもある。言うまでもなく、そのままには受け取れないからウラを取ると、本人が胸を張ってアピールしたニュアンスとはまるで因果が逆転したエピソードもあった。この面白さ。ますます興味は増した。

やがて、彼の性質が浮かび上がってきた。

先を読むのに長《た》け、商才に恵まれ、決断力、行動力もあり、腰が軽くてスピード感も持つ。涙もろくて、情に厚い。一方せっかちで、癇癪持ち。凶暴さも抱え持っている。

もっとも強く印象に残ったのは、明るさと暗さの極端さ。

英雄より、人間の匂いが濃い。筆者は、尾津喜之助というひとりの男の生涯を書いてみることに決めた。明治に生まれ、終戦後を駆け抜けた男の一生を追うことで、消えゆく襞の記憶を補完し、終戦後の街になにが起きていたのか、肌身で感じられるのではないか。そんな主題を持って、ペンを執った。彼の生きた時代と現在との差異、不変の、普遍のことが、本書を書き進めながら浮かび上がっていけばいいなと思っている。

時代の空気や動きを摑んでいただくため、ところどころ尾津から離れて寄り道をし、昭和戦後期を知るためのあれこれの話、新宿の盛り場の描写なども盛り込んでいる。

ということで本書は「評伝」ではあるけれど、ノンフィクションとかルポと言いきっていいのか迷う。とはいえ小説というには事実に基づいている——分類は読者各位にお任せしたい。

それから、本文に注釈番号が振ってあってお見苦しいが、これは筆者よりあとの時代の人々がもう一度尾津という人物を点検するとき、本書が踏み台になりたいという思いからである。ある事象について、筆者が何を参考にしたかすぐに辿れるようにした処置だ。ひとつの物語として読んでいただく場合は、気にせず先に進んでいただいて構わない。

筆者は、「聞き込み」も大切にしている。明治生まれの男を知る人に、令和の今会えるか？　不安を抱きつつも街に出てみた。なにかが聞けたか、彼に迫れたかどうか、ぜひご確認を。

あなたがこの人物を評価するか、惹かれるか、憎むか、恐れるか。最後までゆれながら、考え続ける本になっていることを望みます。

新宿をつくった男　戦後闇市の王・尾津喜之助と昭和裏面史　目次

昭和20年10月ごろの尾津組マーケット（提供・朝日新聞社）

序章

——一台のオート三輪が走っていた。

たそがれどきだった。真夏のじりじりとした熱はやわらぎ、瀰漫《びまん》しはじめた闇にまぎれ、間もなく進駐するらしい占領軍からいち早く逃れようと、けれどのろのろとした足取りでリヤカーを引く虚ろな目の家族。が、一家は一瞬の速さで、三輪運転手の視界から後方へ飛び去る。四月、五月の無差別爆撃で人の営みの絶えた一面の焼け野原も、放置された瓦礫の山も、次々後方へ飛び去らせながら、運転手は脇目も振らず急ぎ走る——。

四谷から改正道路（現・靖国通り）を新宿付近まで驀進したとき、三輪は突如、ひしゃげた。散る衝撃音。と同時に運転手は空中高く舞い上がり、あるじを失った三輪自動車は路肩に停まっていたトラックへ突き刺さった。トラック荷台に座っていた男女四名と、地面にたたきつけられた三輪運転手は即死。彼が何を急いでいたかはもうわからない。

新宿駅にほど近いというのに、そもそも通りにひと気はすくなかった。焼け出されて去った人、疎開で地方へ行った人、勝者の上陸に怯える人は身を隠していた。物流もほとんど停止した街では、日没直前であってもこの交通事故は目立った。目撃したのは、関東尾津組、と染め抜いた法被《はっぴ》を羽織り、この界隈を縄張りとする若い衆。いや彼らの用語で言うなら庭場《にわば》、としたほうがいい。香具師《やし》とも、露店商とも呼ばれた、テキヤたちであった。男たちはすぐさま警察に通報したものの、すぐに巡査が駆けつけるかどうか。警察力は今や地に落ちている。


昭和二十年八月十五日夕刻のことである。

崩壊したトラック荷台からは、血にまみれたおびただしい物資がこぼれ落ちていた。大量の白いビスケット、栗の缶詰、蜂のマークをあしらったぶどう酒。

梱包から軍用と見て取れた。闇のなかでどこかへ運び去られようとしていたこの本土決戦用備蓄食料品は、偶然の不幸によって通りに盛大にぶちまけられ、夕陽に照らされていた。

呆然と通りを歩いていた人誰の目にも輝いて映った品々ではあったが、太陽とともにこの日沈んでいく帝国が、最後の力をもってかき集めた宝の山からみれば、ほんのわずかなひとかけらでしかなかった。庶民の血と汗と忍耐の結晶――。

鉄鋼、木材、繊維、燃料、生活資材、そして食料が、このかけらの何万倍何十万倍に及ぶか誰もわからないほど膨大に、この国各地に分散して保存されていた。それは平時経済の四年分をまかなってなお余ると後世見積もられたが、密かに持ち出され、どこかへ今、ふたたび隠されようとしていた。
鍋ひとつ靴一足にも事欠き、なにより日々の配給の貧しさに耐えていたふつうの人々は、こんなことが大急ぎで行われていることなど夢にも思わない。そして間もなく訪れる秋が破綻の秋であることも知る由もない。

この敗北の日をさかいに旧植民地からの米の供給は途絶し、国内生産高も積年の肥料不足、耕作人不足で平年六千三百万石ほどであるべきところ三千九百二十万石と六割ほどしか獲れず、明治末以来最悪の凶作が人々を待ち受けていた。米の公定価格に対する闇値の倍率は十月には四十九倍にまで達していく。年明け二十一年には一千万人の餓死者が出るだろうという無責任な談話が、時の大蔵相より、この敗亡の日よりきっかり二か月後に発せられることになる。

事故は、若い衆によって、擬制的な「親」である男の耳に、早くも届く。身の丈五尺六寸というから当時としては大柄の身長約百七十センチ、四十七歳、脂ののった壮年期半ばに差し掛かっていたこの男は、面長でアゴはがっしりとし、「人並みはずれて大きく開いた目」[❖1]と同時代人に評される威風を備えながら、一転、神経質でせっかちだった。いつでも出来事の細部まで知りたがる男に、若い男たちはきわめて慎重に、けれどできうる限りの素早さで報告を行ったに違いない。日ごろ物静かながら、道理が合わないと思うや、「癇癪玉《かんしゃくだま》」が爆発するのである。

男は酒が強く、書画骨董の心得があり、刀剣の審美眼には自信を持っていた。俳句も作り、平井扇風なる雅号も持っていたが、なんといっても帝都全域に根をおろす露店商集団の頭領に君臨したときの名が、遠くまで響いた。

男の属する業界、路傍や人様の土地にたちどころに店を張る周縁の職能集団・テキヤ業界での正式名称である。

飯島一家小倉二代目関東尾津組組長尾津喜之助、となる。

事故の報告を、なにか象徴的なものとして捉えた尾津喜之助は、敗北の夏の夜、着流しから細いが筋肉質の腕を出して組み、大きな額に汗をしたたらせたまま、何事かを考えこむのだった。

焼け跡の光

それから五日が経った。
新宿駅周辺は依然として灰色の風景が広がっていた。前年、強制疎開によって広大な空き地ができていたところに、四月十三日、十四日、五月二十四日、二十五日、二十九日と反復して大規模空襲にみまわれ、街はすでに八割を焼失していた。地域住民は地方へ疎開する者が多く、新宿界隈三区(四谷区・牛込区・淀橋区)合計四十万を数えた人口は、このとき、わずか八万ほどに激減していた。[2]
灰燼に帰した新宿駅東側のめぼしい建物は、銀行の焼け残り、二幸や武蔵野館、三越、伊勢丹程度。駅前には、乱れ髪のまま乳飲み子を抱える女、よれよれのスフ生地の国民服姿の男、枯れ木のように黒く痩せた老爺らが、夏の盛りの暑さに耐え、等しくうつろな目を動かしながら歩いている。彼らは新宿大通りまで来たところで立ち止まった。そうして一様に、目を見開いた。
驚くべきことに数日前まで確かに散らばっていた大量の瓦礫が綺麗に片付けられ、丸太を組んだ構造物が唐突に出現しているではないか。そこに屋台が並んでいる。大通りに沿って、数珠つなぎに配置された露店街、マーケットだ！　通行人の誰もが、まるで一夜城のように、忽然と姿を現したマーケットの威容に、まずは唖然とするほかなかった。

落ち着いてよく見れば簡単な屋根もついており、上には、一字ずつ文字を書いた大看板が等間隔に掲げてあるのもわかる。そこはもうすでに人、人、人の群れ。人の背中の前で足を止めざるを得ない人々は自然と視線も天に向けざるを得ず、大看板の文字を一字ずつ拾い読んでいった。「光」………「は」………と、一字ずつ。人々は焼けトタンの暗いバラック住まいへ帰ったあと、あるいはその後数十年を経ても、この瞬間を思い出すとき、心にうかぶ文字列はいつでも、まばゆかった。

「光は新宿より」

後世、この短いフレーズほど終戦時の新宿を語るのに引用され続ける文句はなく、戦後復興の黎明《れいめい》を象徴するものはなく、太平の世に生きるのちのちの世代の人々の心にさえなにか余韻を残した。

掲げさせた男本人が考えたものか、知恵者の子分から上がってきた文案なのかもはやわからないが、上の句を「復興は――」などと具体的に、こぢんまりとまとめず、下の句も「この露店より」と、おのれの商売に限定したりもせず、焼け残りの資材で組んだ粗末な露店の上に、打ちのめされた人々のさまざまな思いをすくいあげるようにして、途方もない大きさの主語〝光〟をのせて、すべてはこの新宿の街からはじまるのだと決然と言い切った。

あらゆる人々が自信を喪失していたこの時点で、自信だけで作られた単純にして頼もしいこのコピーほど同時代人へ電撃的インパクトを与えた文言は他にない。

マッカーサー元帥が厚木飛行場に降り立つ十日も前、昭和二十年八月二十日、暗闇の焼け野原に電気配線を施し百十七灯の裸電球を連ね、ヨシズを屋根がわりに張りまわし、三十二コマに割った自由市場、「新宿マーケット」は、尾津喜之助の手によってこうして開店したのだった。

人々は売り台の値札を目にすると、皆息を呑んだ。安すぎる。新宿あたりでは、すでに終戦前から闇で物を売る店、いわゆる「闇屋」は百軒ほどもあったと言われるが、どこも値段は「大闇値」。ところが――

「さぁ！　手にとって御覧なさい！　婦人バンド、これで二円だよ！　製造元から直接販売だ」
「このひしゃくは代用品じゃないんだぜ！」

終戦直後の新宿のマーケット（昭和20年8月20日撮影）

「昔と同じ白粉だよ。お姉さん、ちょっとつけてごらんよ」

「親切第一尾津組」、〝摑み〟十分のコピーが刺繡された上着を羽織った売り子たちが大声を張り、公然と、胸を張って売りまくるのも納得の安値であった。鍋や火箸などは、公定価格、いわゆる「マル公」よりも安い場合さえあった。試しに闇値と新宿マーケットの値段比較をしてみよう。たとえば翌九月の石鹼箱の値段は、尾津組の新宿マーケットでは二円五十銭。すぐ近くの闇屋では六円。[3] 破格といっていい。

品数も豊富で、木製弁当箱、火箸、ジュラルミン製ちりとり、洗面器、農具、ズック、水おしろい、クリーム、ベークライト製お椀、カミソリの替刃、フライパン、大鍋、なかには釣り道具や風景画まで並んでいた。新宿マーケットは飲み屋露店ではなかった。日々の暮らしを支える、物販マーケットの性格であった。庶民が心にくいと膝を打ったのは、まれに高値のついている商品の場合、品の脇にいちいち仕入れ値、利益率、そして売値が併記してあったこと。初日は十二コマが開店、余りにも売れたために、夕方四時にはいったん店をしめた。尾津自身も生鮮品を売る直営店を持っていた。

終戦後数日、まずこの時期の商法に限るならば、尾津の「苛烈な道徳心」がさせたものと言い切っていいように思う。足元を見た値付けもできたに違いないが、しなかった。ひたすらに、焼け跡で呆然とする人々を助けようとしたのは間違いない。同時に、その気概と同等の熱量で打ち出そうとしたのは、尾津喜之助というおのれの名前。尾津は、義俠心と自己顕示欲が同じだけ旺盛な人物だった。終戦直後、ここから闇市は出発した。

ひと月あまりのち、自らが開いたマーケットを前にして、鋭い切れ長の目で新聞記者を見つめながら尾津はインタビューに答えている。マーケット横に広がる闇屋や、自分の以後のプランについて、大きなあごをしごきながら話す。

「あれ（闇屋）の値段は高すぎる。傘下に入れて価格を決めますよ。利益は二割あったらいい。そのうち一割をつかって、無料診療所を開きますよ」❖4

ゲリラ的に、密やかに、個人がめいめいに物を売っていた闇屋は、公共的空間に仮設店舗を張り巡らす術に長けた尾津らテキヤ組織によって、またたくまに整理され、傘下へ組み入れられてゆく。そうして、マーケットとも呼ばれた巨大な「闇市」が新宿の街に形成されていくのだった。終戦直後の尾津の頭のなかには、困窮する戦災者を救うアイデアが次々に湧き出ようとしていた。

一方、老舗商店やデパートは、仕入れルートを動かせず沈黙していた。あるいは商店主たちは新宿を離れ、疎開していた。尾津が焼け跡に開いたマーケットは尾津の土地に開かれたものではなく、こうした地場の商店主たちの土地であった。戦前、老舗十二軒が商売していた場所は、戦争が終わった時点ではほとんど放棄され、瓦礫の山と化していた。空襲下でも新宿に留まり、瓦礫を自力で片付けて、臨時店舗を置き、人々に物を供給した尾津。大勢の人が救われ、彼を喝采し、主催した本人は老舗を出し抜いたことに溜飲を下げたが、同時にこれは完全な、不法占拠にほかならなかった。

最初の闇市を作り、戦災で傷付いた人々に物をもたらし、仕事を作り、テキヤの頭領へとのぼっていく男は、自信にあふれた表情で、おのれのマーケットを練り歩いてゆく。

「ほら、『えもんかけ』が歩いていくぜ」

まだ組にも入れない、新宿駅前にたむろする若き不良少年たちは、秋田犬「出羽猛虎号」を連れて各店を見て回るあごの大きな男を露店の陰から見やりながら、小声で噂し合った。

五十に入る少し前、長年の刑務所暮らしで痩せ、百七十センチほどの長身、肩幅のある身体は当時の人々にとって威容を感じさせ、しかも肩を張り、胸を反り上げて歩く癖は異様でもあり、羽二重《はぶたえ》の羽織に「関東尾津組」と染め抜いた印半纏《しるしばんてん》を羽織って歩く尾津喜之助の姿は、少年たちを圧倒した。「えもんかけ」と揶揄でもせねば、少年たちはその男に、圧倒され尽くしてしまう。[5] そんなことは知らず、尾津はときどき足を止めては犬の頭をかき抱くのだった。

ここで余談をひとつ。

昭和五十年公開の東映任侠映画「仁義の墓場」（監督・深作欣二　主演・渡哲也）に、尾津をモデルとした親分、安藤昇の演ずる野津喜三郎が登場する。野津大親分から料亭で諭される渡演ずる石川力夫は、帰り際ひとり悪態をつく。

「えもんかけ、つっぱったような口ききやがってよ」

戦後三十年を経ても、肩を張って歩く尾津のイメージはまだ世間に残っていた。現在は、それもすっかり、かき消えた。

「苛烈な道徳心」をもって政治家と渡り合い、騒動、抗争をおさめ、外国人たちに矛をおさめさせ、ひるがえって自らもときに牙をむいた戦後混乱期の尾津はあとで細かに追っていく。まずは、この男がどのような前半生を送り、終戦時の活躍にこぎつけたのかを見ていこう。

終戦時から時計の針を五十年ほど巻き戻す——。以後しばらく下の名、喜之助、と書く。

第一章

不良少年は親分に

泣き虫から悪童へ

明治三十一年一月二十八日、東京本所相生町に生まれた喜之助。父は砲兵工廠の現場責任者を経て鋳物工場を営んでいた。遊び人でもあったようだが、幼少期は、中流以上の暮らしを送れていた。[※1] 母は、士族の娘だったからか、酒と女が好きだった夫に付き従うのをよしとせず、喜之助二歳のときに家を捨てた。台湾へ渡ったらしい。父は別の女性を後妻として迎える。

継母となった女性と喜之助、これがつくづく馬が合わない。幼いころから喜之助は利発で勉強ができ、十四歳のころ、ナンバースクールである旧制府立第三中学校へ合格を果たしている。本人はのち、老境に至ってもこの入試で二番の成績であったことを誇った。ところが、通うことが許されない。資金的な問題はなかった。ただ、継母がいい顔をしなかった。彼女ともしうまくやれていたなら、戦後の新宿駅前の様子は全く違っていたはずだ。結局、入学を辞退させられたとき、少年は、人生最初の大きな癇癪玉を炸裂させた。棒切れで継母を叩くや、そのまま、家を捨てた。[2]

本所の家を飛び出し、一か月ほどさまよい歩いていた喜之助。上野公園や浅草寺あたりで寝泊まりしながら、さびしさに耐えかねて泣いていた。のちの姿からは想像できないが、このころはただあどけない子どもでしかない。金もない。物乞いをして、糊口をしのぐしかなかった。浅草は当時、帝都随一の遊興地であり有《う》象《ぞう》無《む》象《ぞう》も集まっている。弱い者を狙う無法者もうろついていた。喜之助もある日追い剥ぎにあい、身ぐるみをはがされてしまう。裸で泣いているところを、地元の不良少年グループのリーダーに拾われ、あっさり子分となってしまった。このころは、不良たちとスリやコソ泥をして歩いていた。終戦後、尾津マーケット付近に大勢いた浮浪児とほとんど似た暮らしをしていたのだ。

十五歳、ついに、人を斬る。肉切り包丁を振り回しての喧嘩だったが、このとき少年は気付いた。自分が人より体格に優れていることと、修羅場の勇気と機転も備わっていることを。十代半ばにして喜之助は、「暴力の説得力」を身に付けてしまったのだった。

こうして大きく社会から脱線していく喜之助。刃傷《にんじょう》沙汰によって地元にいられなくなってしまうと、進退窮まって、炭鉱へ身を隠すことにした。東京北部の炭鉱だったというから、おそらく青梅だろう。自分の身を自分で請負業者に八十円で売り、逃げたのだった。この炭鉱夫暮らしの時期に、刃物に限らず、拳銃の使い方をも身に付けてしまった。[3]

あるとき坑道内で働いていると、突如として落盤事故が発生、真っ暗闇のなかに閉じ込められてしまう。

一切飲み食いはできず、闇の閉所で喜之助のほか三人の坑夫は苦しむことになった。闇は目からの情報を奪い、現実を奪い、時間の観念を奪い、無のなかで無限におのれと向き合うことを強いる。数日して救援隊が穴をあけたとき、二人は衰弱しきり、もう一人は、発狂していた。喜之助は無に引き寄せられない。ひたすら現実がやってくるのを待っていたのだった。救助されたとき、体はほとんど無傷だった。このときに確信めいた心境に至る。

『俺は死なない』――これが俺の宗教だ。俺は人より体は大きいし、力だって五倍は強い」

確信は異様な方向へと向かっていく。乱暴さは助長され、人に金を借りて返さず踏み倒そうとも、誰からもなにも言われないから増長する一方。十六歳のころには、日本刀をムシロにくるんであちこちをうろつきだし、飲み倒し食い倒しは日常茶飯事、とがめられると白刃をみせつける悪童ぶりを発揮した。誰が付けたか「鷹」という通り名で呼ばれ、当時の言い方なら与太者そのものになってしまっていた。[4]「暴力の説得力」だけを身に付けた男。これだけの人物であったなら、もちろん筆者もとっくに筆を投げているけれど……もうすこしお付き合いいただきたい。

勉強はできたから、このころ築地の工手学校（現・工学院大学）へ入る。継母とは疎遠のままだったようで、叔父からわずかな小遣いをもらいつつ通学しはじめた。これで持ち直すか、と思われたが……むしろ、本格的なアウトローの道へ転がっていく。

大正三年、十六歳となると、喜之助は「紫義団」なる一団を結成した。なんのことはない、不良グループである。小石川の円乗寺に工手学校の学生を中心に三十人ほどを集めて、結団式を行い、一帯をナワバりとするグループの団長におさまったのだった。

団長就任早々、飲み屋の用心棒をやりながら、当時、辻々に新聞の立ち売りを子どもらがやっていることに目を付けた喜之助は、小川町、春日町、水道橋、本郷肴町の街角に立つ売り子を配下に組み入れ、組織化していった。子どもらには威圧を加えて服従を強い、カスリ（上納金）をとっていったのだろう。示威力を背景とした組織を率いて利益を狙う点、路上の商売人たちを組織化する点に、のちの時代にこの男が手掛ける商法の萌芽がすでに見える。

ところが、団長におさまっていたのは束の間だった。歓楽地を抱える浅草の不良グループ・赤帯組との間でいざこざが起こり、抗争へと発展、喜之助はふたたび逃亡するはめに。今度の逃亡先は、西。

大阪まで流れた。

労働者たちの蝟集《いしゅう》する飯場へもぐりこみ、すぐに左官や瓦屋の手伝いの口をみつけた。このころは、「政やん」の名乗りだったようだ。そのうち鳶《とび》の仕事も覚え、ひとりの鳶職人を子分にして、建前《たてまえ》屋をはじめる。基礎工事を請け負う仕事といったところだろう。喜之助にとって最初の「子分」をこのとき持つ。おそらく略式ながらも、互いに酒を酌み交わして親と子の契りを固める盃事《さかずきごと》もやったはずだ。一般市民から見れば、もはややくざと見做されてもなんら不思議はない。そう、ここでひとつの疑問が頭をもたげてくる。

彼は、「やくざ」なのだろうか。

戦後間もない時期に書かれたやくざ（＝暴力団、とする）に触れた資料や研究をみると、やくざをまずは職種で把握しようとしているものが見受けられる。最初に登場するのは、博打《ばくち》打ちで、次いでテキヤや土木建設関連業（加えて港湾荷役《にやく》業なども）が続き、いうなればこれらを十把《じっぱ》一絡《ひとから》げでやくざと見做していることがある。

暴力をいとわないために他者との紛争を巻き起こし、一般社会からドロップアウトしてしまう人、しがちな人はいつの時代もいる。右に挙がっている業種は、出自や経歴を問わずにやる気さえあればどんな人も受け入れ、生活の立つ道を与えてきたから、社会から逸脱していく人々の受け皿となりやすかった。若いうちに「暴力の説得力」を発見して、ほしいままに生きてきた喜之助のようなものも包含してくれたのだった。

しかし職種だけで切り出してやくざか否かを判定するのは、現在の我々のボンヤリとした認識からいっても、そぐわない。土木系など言うまでもなく、スキルを積みあげねば仕事にならない職人芸的正業なのを我々は知っている。ならば、しきたりから見るとどうだろう。親分子分関係を結んでいるかどうかや、「兄弟分」など独特の業界用語（?）や符丁を使っているか。いや、これも筆者には単なる外装で、些末なことに思える。

では一般人かやくざかを分かつ決定的事由はなにか。

それは、本質的には「暴力を手段として商売をしているか否か」にかかっているのではないか。

土木建設業は技能と筋力の組み合わせで構造物を造って利益を得、テキヤは商品を見極めて露店に置き、それを売って利益を得るという確固とした実業に違いなく、粗暴で喧嘩騒ぎを起こす者がいくらいたにせよ、暴力そのものを手段として利潤を追求してはいない。それぞれの実務の道を究めることが美徳という世界観が用意されている。ドロップアウトした人々が業界に入っても、心を入れ替えれば、暴力から離れ、それぞれのプロとして生きる道がある。

博打打ち、博徒《ばくと》はその点異なる。汗をかいて働くのは野暮で、違法行為と知りながら、余人をよせつけない示威力をもって賭場《とば》を開き、維持し、そこで生きることを美徳としてきた。職人として時間をかけて技術習得したり、商人として取引先開拓をしたりして生きていく道とは異なる。商売の構造自体がもとから示威力と結びついており、もっというなら暴力そのものを純化させ、商品化して利益を得ようとする道へと入りやすい。つまり博徒こそをまず、厳密なやくざの定義に入れていい。そして、暴力が商材というならば、このとき尾津もやくざと言っていいことになる。

なんだかややこしくなってしまったが、のちの時代、警察がやくざ分類法を完成させたことによって、一般社会のやくざ認識もまた、誠にややこしくなった。高度成長期以降、警察は暴力団の取り締まりと監視を一層強化したが、そのとき、暴力団を仕分けた方法が、さきほどの暴力で規定するやり方とは必ずしも一致しないのだ。警察的定義に従えば、親分子分関係など外装的なことも多分に加味され、右の博徒もテキヤも同類として扱ってしまっている。

筆者が知っている現在のテキヤ団体のいくつかは、露店で物を売る商人でしかないが、暴対法、暴排条例によって、商売は相当に規制を受けている。警察から見れば、今もやくざなのである。

ややこしさを振り払いたいとき、もう一度言うが、これだけを判定材料にすればいい。

「暴力を手段として商売をしているか否か」

少々、脇道に入り込みすぎた。大正期の尾津喜之助へ戻ろう。

不良少年は大阪へ

大阪へ流れた喜之助十九歳。初の子分は、三十一歳だった。東京者が大阪の荒くれ者が集う一角に入り込んで年上の子分まで作るのだから、押し出しも相当に強く態度も大きかった。子分が三人にまで増えたとき、平井進という土建業者に拾われる。❖5 戦前のこのころ、若き喜之助が先の戦後警察の分類など知るはずもない。子分を持ったといっても、職種は土木建設業者である。ではこの時期の喜之助は、やくざといえるかどうか。読者はどう規定するだろうか。

平井のところは、平井組、ではなく平井工務所と言った。所長の平井進は工学士でもあり、組織は「組」ふうではなく、平井商店、というくらいの規模ながら、封建的とまではいえないゆるやかな上下関係で運営されていた。一方同じ土地に、競合として赤田組があった。こちらは十分に封建的だった。大阪造兵廠《ぞうへいしょう》関連の仕事を平井工務所と赤田組は二分していたが、互いの若い者たちには交流があって、いったりきたりし、現場を終えた後は、一緒に博打に興じることさえあった。

ある日、平井組の詰め所で赤田の若い衆がいつものように博打をやっていると、なんのはずみか平井のところの一人が赤田の若い者といさかいになり、つい手が出てしまった。血の気は少なく穏健な平井は、ただちに酒をもって赤田組へ謝りに行くと、その席で、突然袋叩きにされ、のびてしまう。お付きの若い衆が逃げ帰って事務所内へ急報すると、おとなしい平井工務所の面々はふるえあがってしまった。とはいえ、どうにか落とし前をつけなければ所長は帰ってこられない。ひとり立ち上がったのが、尾津喜之助。

「じゃあ私がいきますよ」

喧嘩慣れしている尾津は、ふらりひとりで赤田組事務所へ入っていった。中に入るなり、血まみれの平井が卒倒しているのが目に入る。唐突に、大声を出した。

「俺は平井組の者だ。おまえたちよくも俺んとこのおやじをかわいがってくれたな」

「なにを!?」

子分に囲まれたところで、奥から登場する、組長赤田。

「俺の留守中に若い奴がこんなことをしでかして誠にすまねえ」

赤田は頭を下げたが尾津はおさまらない。謝りにいった所長を半殺しにしたことの非を鳴らし、こう付け加えた。

「いずれお礼に来るから覚えていやがれ」

赤田の若い衆がとびかかろうとするのを組長はとめ、尾津は血だるまになっている平井をおぶって帰った。「お礼参り」を公然と宣言してしまった。やらなければ卑怯者のそしりを免れない。尾津は翌日から仕事を放って、赤田組長の尾行を開始した。

一週間つけねらううち、赤田が女の家へ行く行動パターンを発見した。護衛も少ない。ある夜、女と一杯やりだした頃合い、突如尾津は家のなかへ飛び込んで、赤田の懐へ身をあて、すぐさま匕首《あいくち》を脇腹へ突

っ込んだ！……と思ったが刃先は的を外れ、ふとももへ。尾津の手首をつかんだ赤田は、若い刺客の顔をねめつけつつ、

「人を殺るときにはこうやるんだ」

ぐい、と尾津の手首をひねり、自分のふとももに刺さった刃を自らひねり、えぐった。生暖かい血が噴き出し、摑みあった男二人の太い腕はどろどろに赤黒く染まった。あああ！　驚いた十九歳は手を引いて、もんどりうって転げまわり、立ち上がるや家から飛び出した。腰が抜けていたのか、ドブに落ちる。「野郎、まてえ」と背後から威勢のいい子分らの声は聞こえてくるが、ドブにはまるチンピラ一人にまでなかなか迫ってこない。彼らも腰が抜けていたのかもしれない。

……とここまで、なんだか既視感がある。まるで任俠映画そのもの。戦後になって尾津本人の回想がこの展開なのだが、実際のところこのようだったかはわからない。ただ、折に触れこの話を尾津はしたし、細部が違っても毎度重なる点を見ても、尾津が殺人を決意したこと、赤田が尾津より一枚上手だったこと、尾津は虚を突かれ、逃げ出したことだけは真実とみていいと思う。

注目したいのは、大正初期、土木建設の職人に進むべき人々が、戦後イメージされる暴力団とほとんどかわらないケンカをしていたこと。このことは先にのべた曖昧模糊の状況をよく表している。若き尾津は、ただ荒ぶる心のままに行動し、それが通ってしまう環境だった。

結局、尾津は神戸へ逃げ、土地の有力親分である「富永のボテやん」なる人物の仲裁を頼み、赤田と尾津が兄弟分となることで収まった。こうした仲裁法も仲介を頼んだ顔役の登場を見ても、やはりほとんど暴力団と同質の面を当時は持っていたと言わねばならない。

ハタチ前後の青年と組長が兄弟となるのだから、赤田側に非があったのかもしれない。その流れのままに、今度は平井所長の養子になっては、という話がボテやんと京都の勇山なる有力親分から持ち込まれた。尾津は仰せの通りに従い、平井の娘と結婚した。誰の人生にもいくつかの大きな分岐点があるが、尾津がこのとき妻と舅を大切にし、工務所の跡取りとなり生涯を送っていれば、これまた新宿の街はいまと違う様子だったに違いない。もちろん、そうならなかった。

この平井の娘と尾津が、とにかくぜんぜん合わない。

新妻は梅花高等女学校を出ている。中学へ行けず出奔した新郎には、妻が「女学校出」というだけで、ツンとお高くとまっている気がしてならなかった。気後れしていたところもあっただろう。そんな新婚早々、平井工務所は大阪築港工事案件を受注する。これは大きな仕事だった。尾津は若くして現場責任者に任命される。元来、仕事はできるほうだから、あれよと上手く現場が回りだすと、しだいに尾津も大きなカネを動かせるようになった。カネが手元にあるから夜遊びも激しくなる一方。尾津は、気の合わぬ妻を放置して花柳界に出入りするようになっていく。ちなみに後年も尾津は花街では相当にモテた。

大正七年、二十歳の尾津は、松島の芸者、富菊と深い仲となってしまう。芸者、と尾津は手記に記しているが、現在の大阪市西区に位置した松島の遊興地は、花街ではなく、遊郭。芸妓もいたにせよ圧倒的に娼妓が多かった。彼女がどちらだったかはわからない。尾津より二つ年上の二十二歳だった。日々富菊のもとへ通うということは日々大金が溶けていくということ。気付けば、当時としては莫大な六、七万円ほどもの会社の運転資金を使いこんでしまっていた。

大正初期の企業物価指数を今と比較すると千倍ほども開きがあるから、単純比較は乱暴にしても現在の価値にして数千万円ほどにもなろうか。こんな額を使い果たしたなら富菊だけと遊んでいたとは思えないが、ともかく、平井工務所にもいられなくなった尾津。

結局また、逃げを打つ。平井の娘も、その間にできた子も捨てて。父に棄てられた子は男の子だったろうか。この時期に生まれた男児はのちの戦争時代、大勢戦地へ送られた犠牲多き世代だ。戦後までこの子が生き延びられたかもわからない。尾津は妻子を捨てて縁が切れたあと、この子について書き残していない。

広漠たる新天地へ駆け落ち

妻子と義父平井をも捨てて、尾津と富菊が旅立ったのは、大陸だった。旧満州の奉天（現・遼寧省瀋陽市）[6]へと渡る。いわゆる大陸浪人として。

明治から昭和初期にかけて、西欧列強のアジア進出や中国・辛亥革命などの世界情勢に感化され、アジアは団結すべきと考える民間人が続々中国へ渡って革命運動に身を投じたり、日本政府・軍部の手足となって情報収集活動や政治工作につくものが続出していた。一方、そうした理想主義的な人々とは一線を画し、膨張する日本の帝国主義に便乗して、一旗あげよう、名を上げようとする野心家もいた。もっというなら、正業に就くわけでなしに新興地をうろついて、人のしないことをやって大きく儲けようとたくらむゴロツキも大勢海を渡っていった。両者はいっしょくたに、「大陸浪人」と呼ばれた。尾津が国士風の感覚をもっていたとしても革命やアジア主義の思想を育んでいたとは思えず、結局後者の部類に入る。

奉天城内の鼓楼大街のにぎわい（大正2年撮影）

伊達順之助という人物にアテがあったのだった。伊達は、伊達政宗直系、幕末四賢侯の一人・宇和島藩主伊達宗城《むねなり》の孫にあたる男で、中学時代はケンカした相手を射殺するほどの激情家でもあった。その後、アナキスト大杉栄殺害事件で知られる甘粕正彦の手引きによって満州へ入り、中華民国の軍閥総帥・張作霖の爆殺事件にも関与したと言われる大陸浪人だった。奉天は、張作霖の根拠地である。尾津がほぼ愚連隊といっていい不良グループ「紫義団」の活動をしていたころ、二人は面識を持ったと思われる。

駆け落ち相手富菊の手を引き、まずはこの伊達の門をたたく。正業を探そうなどとはしていない。やはり、暴力をいとわぬ人々とも手をとって歩いていこうとする尾津だった。ところが伊達は天津にでかけており不在。たまたま居合わせた宮崎黒旋風なる男と知り合った。黒旋風は、張作霖の軍事顧問に就いていた軍人・町野武馬の配下として動いていた男だという。初対面ながら尾津に親切で、いろいろと面倒をみてもらえることになった。黒旋風は特務機関の工作に関与していた。逃げてきた目つきの鋭いこの若者、女連れながら肝は据わっていそうだし、なにかに使える――そう踏んだのだろう。手下のようにして拾われた尾津は、まずは大連港での荷役関連の仕事についたらしい。多数の中国人労働者、いわゆる「苦力《クーリー》」と呼ばれた人々を監督する仕事だったよう。[7]

大正のはじめ、大陸では政治的変革の機運が大きく蠢《うごめ》きだしていた。大正三年にはじまっていた第一次世界大戦によってロシアでは国内が大混乱をきたし、大正六年にはロシア革命が起こり、世界史上初の社会主義政権が誕生していた。その拡大を恐れた列強が続々出兵するのにあわせ、大正七年、日本も大きな兵力をシベリアへ送る。いわゆるシベリア出兵である。変革の蠕動《ぜんどう》は成人したばかりの若き大陸浪人にまで到達する。

出兵にあわせて、宣撫か情報収集か不明だが、黒旋風になんらかの工作の指示がくだり、北ハバロフスク方面へ潜入することとなった。[8] ここで手下の一人として、二十歳を迎えていた尾津も付いていった。ところが危険をともなう工作の途上、どのような相手から銃撃を受けたか不明だが、黒旋風は流れ弾にあたり死んでしまう。黒旋風は今わの際、尾津へしぼりだすようにして言った。「俺の名を継いでくれ」。以後、晩年まで尾津は雅号として「平井扇風」を名乗った。妻子と舅を捨てた懺悔《ざんげ》の念、恩人への哀悼を込めた雅号であった。

大陸の流浪を経て、ついにテキヤへ

庇護者、黒旋風の死から間もなく、もうひとつの悲劇が尾津を襲う。尾津と駆け落ちし、海を渡ってまで付き従ってきた富菊。元々病弱だった彼女は、異国の地の慣れぬ生活で体力を落として胸を病み、尾津の身を案じながら、あっけなく死んでしまった。尾津に付いてゆかねば、倒れることはなかっただろう。しかし今になって見てみれば、遊興の地で働き暮らしたままだったほうが彼女が幸せだったかは、なんともいえない。

こうして身一つになってしまった尾津は、四年にわたる満州生活にピリオドを打って、二十二歳で帰国した。帰国早々の大正九年、二年遅れの徴兵検査を受け、世田谷の野砲兵第一連隊へと配属される。ひとつ余談だが、この連隊が使っていた木造兵舎（尾津がいたころよりは時代が下ると思われる）が、三軒茶屋駅からほど近い、都営下馬アパート付近に令和の現在も残っている。あのあたり一帯は駒沢練兵場もあり、軍都といえた。

連隊には、小隊長として佐藤賢了がいた。のちに「黙れ！」事件で名を知られるようになった軍人である。昭和十三年、衆議院の「国家総動員法案委員会」の審議中に、ある議員に対して佐藤が「黙れ！」と怒鳴ったのだ。議会は騒然として、陸軍大臣が釈明に追い込まれている。佐藤は戦時中には軍務局長をつとめ、終戦後、A級戦犯となっている。

尾津は軍隊でも気性が抑えられず、刃傷沙汰をおこし、上官を追い回して重営倉送りになったりと不良兵士であった。❖9 佐藤はすぐに出世階段を上っていってしまい、隊にいたのはわずかな期間だけ。乱暴二等兵の尾津とはほんの一瞬の接点しかなかったはずだが、後年、戦犯として佐藤が巣鴨プリズンに収監されたとき、同じく獄舎暮らしを知る身として、尾津は佐藤のもとへ慰問に訪れたり、手紙を書いたりしている。こうした、ややずれた親身さに、尾津らしい不思議な愛嬌が見て取れる。ほかにも昭和二十年代、巣鴨に収監されていたBC級戦犯にもずいぶん慰問を行ったようだ。

やがて兵役を終えた尾津は、本所相生町にいた叔父のもとへ身を寄せることにした。叔父は佃煮屋を営んでいた。心機一転、ここで修業し、どこかで店でもやってみよう。そう決意すると懸命に川魚の知識をためていった。そのうち小金も貯まった。

さあ店を探そうというとき、叔父の暮らす下町界隈で商売する気は少しも起きなかった。古くからの店が多すぎる。やっぱり、これから伸びる街がいい。そうだ、山の手一の盛り場になる街へいこう――。

これが尾津と新宿との出会いだった。まずは西新宿で屋台の格安うなぎ屋をやることに決めた。当時、新宿は発展途上にあった。西口側は専売局のたばこ工場や、浄水場がある工場地域。労働者が駅前を大勢行き来するにもかかわらず、充実した商業地域ではなかったから、往来で安くて旨い飲食店をやれば当たるだろうと踏んだのだ。尾津は人生のどのタイミングでもこういった機転を利かせている。

案の定、店は大当たり。労働者たちの昼食として飛ぶようにうなぎが売れていった。このとき尾津に、以後生涯にわたってついてまわる属性が備わる。

戦前、人通りの多い通りに屋台を出すならば、その区域を管轄する警察や役所への手続きとは別に、もうひとつ手続きを踏む必要があった。街には行政の管轄区域という透明なレイヤーがかぶさっているが、もうひとつ、目にみえないレイヤーも重なっていた。それは「庭場」と呼ばれた。古くから路上商売をしてきた集団、香具師、テキヤによるレイヤーである。

新宿のテキヤは、飯島一家という古い家系に連なる、小倉米三郎という親分が一家を構え庭場としていた。尾津もここへ話を通さなければ（関係を結び、なにがしかの名目で金銭を支払わなければ）、勝手に屋台を張ることはできなかった。小倉に話をつけたとき、尾津はついにテキヤと接続した。

屋台商売は順調そのものだったが、ときどきうなぎを焼いていると、一露店商人に過ぎない尾津のもとへ、小倉親分が話を持ってくる。テキヤ仲間同士でちょっとしたごたごたが起きたんだが、話をつけてほしい、と。貫禄を見込まれたのだった。そういうことが繰り返されるうち、小倉の客分のようになってきた。関係はさらに、小倉へ家を貸すほどにまで深まっていった。

ついには小倉より盃をもらい、尾津は小倉一家に連なる者となる。ちなみに、たびたび紛争解決の依頼を持ち込んでくる小倉のことを、尾津はあまりよく思っていなかったように見受けられる。それでも露店商売を続けるためには、庭場を統括する一家に連ならなければならない。以後、路上から離れることがあっても、盃で繋がった関係は終生切れることはなかった。

「新宿」と「テキヤ」。尾津を形成する重要素ふたつは、こうして大正半ばに備わった。

香具師とかテキヤとかいう人々は誰？

ここでテキヤとは何者なのか、についてごく簡単に説明しておきたい。

古代中国の伝説上の聖人・神農を祀るテキヤ。的屋と書いたりもするし、香具師《やし》と呼ばれもした路上の商人たち。道路沿いや寺社境内に組み立て式の卓をおいて商売する。近世に端を発するともいうが本書はテキヤ研究の本ではないため、長々とルーツは追っていかない。ちなみに筆者がある親分を取材したとき、彼らはテキヤと呼ばれることをあまり好んでいないと言っていた。露店商、がいいと。

商法によってテキヤの流派もいくつかに分類されていて、コロビとサンズン、コミセなどがある。コロビは口上をつけて茶碗だのの物を売る（啖呵《たんか》売《ばい》）。サンズンは三寸とも書くが、組み立て式の売り台を言うが流派のことも言い、口上をつけずにおとなしく売る。コミセは縁日などで子ども向けの飴玉を売る屋台を言い、もっとも古い形態とされた。

戦前には流派それぞれ組合も分かれていて、自分たちはテキヤである、という同じ仲間ながら、流派の違いはあると考えていたよう。三流派の人々は、おもに縁日などに仮設的に露店を出した。一方、常設的に出店するグループもいた。

このあと出てくる終戦時のテキヤ組織各家のルーツが、サンズンだコミセだ、と分かれていたとしても、細かな分類は本書ではあまり意味をなさない。まずは終戦後のマーケットが、親分子分の関係で組を形成しているプロ集団と、戦災者を中心とした素人集団により運営されていた、ということだけ踏まえてあれば十分。ちなみに後年、平成後期には、テキヤによる露店はすべてコロビなんだ、と筆者に言い切った親分もいた。結局、全国統一でパッキリとした区分けはできないのかもしれない。

商売の場所についてだが、前述通り、各組織のナワバリのことを「庭場」とか「庭」といい、どの土地にも親分がいる。ただ、よそ者であっても、そこで商売することはできるし、庭はひとつの家だけの占有ではなく、一部が別の家と重なって、分有されていることもあった（相庭《あいにわ》という）。土地の親分に話を通

テキヤの襲名披露（昭和29年撮影）

せば、全国の祭礼（高市《たかまち》）で出店しながら旅をすることもできた。

親分は、子分たちと盃を交わすことで擬制的な親子の契りを結び一家を成し、カラスは白い、と親が言い切れば子も白いと言う封建的上下関係を築いた。親分は庭場というほとんど独占的な商圏を子分たちに提供するかわりに、場所代等の上納金を得た。「ショバ代」などと今もフランクな会話で使うけれど、こうして逆さ言葉にしたテキヤ用語は多い。そして儀式儀礼の類は、博徒よりもテキヤのほうが古来の作法を守っているといわれ、後年、博徒の世界で襲名披露などの儀礼が行われるとき、古式を熟知するテキヤから聞くといい、という話もあった。

時代劇でも見かける「お控えなすって」と「仁義を切る」儀礼も現在では廃れているが、尾津が若いころはまだまだ通用していた。「手前生国と発しますは甲州にござんす――何々何代目に従います若造です、云々」の口上は、目に一丁字もない人の多かった時代、名刺がなくても相手に氏素性を伝えるのに役立った。どの家名に属するかを相手に伝えることがこのときもっとも重要であることはいうまでもない。ただし、テキヤになろうと、門を最初にたたくときには、出自や経歴は問われなかった。

盃を親分からもらえば、まずは数年、「稼ぎこみ」といって徒弟制度そのままに、親分の家に住み込み、ほぼ無給で修業をしていく。一人前と認められれば、露店商として自分の店を持って商売を始められる。売る物は自由。才覚があれば商売を拡大し、また一家を起こし、親分となる道もひらかれていた。

親分の身分は、多くの場合存命の限り続くが、死去して代替わりする際、世襲は歓迎されなかった。実子分《じっしぶん》といって、才覚のある有力子分に跡目を相続させる。テキヤは、権力を血筋で固定させず、活力を失わせないシステムを持っていたのだ。地盤・看板を代々自分の子や孫に平気で継承させていくこの国の偉い人々も、少しは参考にするといい。

さて、筆者はこの時点でもう一度、あの問いを思い出したい。

尾津喜之助は、やくざか――。

テキヤとはなにか、を少し記してきたが、その根本の定義が決まれば、彼をどう見なすべきなのかが見えてくるはずだ。筆者としてもっとも根っこにあると思えるのは、テキヤたちが「我らテキヤとは」と自分たちのアイデンティティを改めて確かめるとき、「博徒ではない」という否定形のなかに立つ場所を見出すこと。

繰り返すが、外部からはテキヤたちは、博徒と同様に「やくざ」とみられてきた。それは尾津よりずっとあとの時代になっても健在の視線であり、テキヤたちも自分たちの姿が一般市民にどう映っているか、よく知っていた。ある親分が筆者に、「オモテと裏」、という表現で話してくれたことがある。

むろん、オモテがテキヤ、裏が博徒である。ひそやかに賭場をひらいて、汗水たらさずに巨利を上げるのを美徳とした博徒と、お天道様の下で、ひとつひとつささやかに物を売ることを美徳としたテキヤ。

博徒たちは、のちの時代になればなるほど、博打に限らず、示威力そのものを純化させ、商材とする道へと進出していった。一方、多くのテキヤは、その道へいかなかった。「俺たちも庭を巡ってケンカはするが、暴力自体を売りはしない、売るのは物だ」と、いつでもそう思うことができた（ただし後年、示威力をもってテキヤの商売にまで進出した博徒もいて、その傘下に組み入れられたテキヤもいる）。

さて尾津はどう自分の立ち位置を捉えていたか。

まず親分との関係がふつうのテキヤと違う。尾津は、親分のもとでの稼ぎこみ期間を経ず、最初から自力でうなぎ屋台を出店しようとしていたし、過去不良グループを主宰していたほどおのれ自身の示威力とリーダーシップを頼みにしていた。親分のほうでもその点期待して、紛争解決を子分の尾津に依頼した。さらには親分宅に住み込むどころか、あべこべに家まで貸しているので、まず封建的な、滅私奉公的親子関係とは一線を画している。もっというと、親分を圧倒している。

尾津と小倉米三郎との関係は、尾津が盃によって商売上の許認可を得る、業界内での立ち位置を得るための便宜上の親子関係と見ていいだろう。実力主義を超えて、下剋上的気分さえ多分に含んでいたように見える。

最初から自己流を許され、ときには示威力で商売を打開していった尾津。このことで「俺は博打打ちではない、商人なのだ」のテキヤ・アイデンティティが内部にそれほど育たぬうちに、テキヤ稼業に入っていってしまった。

とはいえアウトローたちと関係しつつ世を渡っていくには、おのれの矜持を支える哲学をなにかしら援用しなければ一人で立っていられなかった。それが「任侠道」だった。後年、尾津は繰り返し自分が侠客であること、任侠道を進む者であることを語った。この認識を前に出せば出すほど、路上の商人としての顔は後ろへ下がる。

このころは、やくざか商人か、若い尾津の表情はゆらゆらと揺れている。

このゆらぎを読者には覚えておいていただきつつ、大正後期の尾津に戻ろう。

未曾有の大厄災に遭遇する

大正十二年九月一日。

ほとんど正午といっていい午前十一時五十八分、突如、関東の天地は大鳴動した。相模湾北西部を震源とするマグニチュード7・9と推定される巨大地震が発生、五分後には津波が襲来、二百人を超える人々が飲み込まれ、現在の東京・神奈川・山梨・千葉・静岡の一都四県の土地はおよそ八十平方キロにわたって崩壊し、総計三十七万棟の家屋が全壊を含む大被害を受け、約十万五千人にも及ぶ死者・行方不明者を出す空前の大災害が人々を襲った。関東大震災である。

七輪やかまどに火をおこす昼時の直撃だったために、東京では地震直後から火災が発生、やがて大規模火災となって二日間にわたって帝都は火炎に包まれた。特に下町の被害は甚大で、陸軍被服廠《ひふくしょう》跡（現・墨

四谷区旭町（現・新宿区新宿四丁目）の避難小屋（大正12年撮影、『大正震災志写真帖』より）

田区の横網町公園一帯）では、約三万八千人もの市民が犠牲となっている。

新宿の街は、武蔵野台地の固い地盤の上にあったことと、まだ住宅密集化が進む前の時期だったこともあり、甲州街道の南側を一部焼いたのみで、下町に比べると火災被害は小さかった。

しかしこの大厄災では、直接の被害が少ない場合でも見逃せない惨劇があった。天災に乗じて起きた人災、在日外国人への迫害である。

震災の混乱を利用して朝鮮人たちが武装蜂起をするとか、放火をしたり、井戸に毒を投じるといった流言が飛び交い、官憲もそれを追認するようにして自警団結成を促し、ラジオも普及していない当時、市民のほとんど唯一の情報源だった新聞も、根拠なくデマを垂れ流した。

疑心暗鬼になった市民たちは各地で竹やりや刀、猟銃を持ち出して自警団を組み、また本来、一般人を守るはずの警察の一部や、軍隊までもが一緒になって、なんの罪もない多数の朝鮮人・中国人を一方的に捕らえ、虐殺した。犠牲者の正確な数は今もって判然としないが、大震災による死者数の数％に達するだろうという推計もある。外国人と間違われ殺害された日本人もいる。

このころは、日本が韓国を併合してまだ十年と少し。貧しい労働者が朝鮮半島から日本本土へ大勢渡り、鉱山など厳しい労働についていた。そうした人々のなかでも高まる独立の機運に、大勢の日本人は反発し、恐怖し、日ごろ差別視していることの後ろ暗さがないまぜになり、非常時に暴発した。

その日、尾津がいつものようにうなぎを焼いていたかはわからない。ただ、地震によって下町が壊滅的被害に見舞われたのは聞き及んだよう。ハッと思い立ってすぐさま本所の叔父のもとへ駆けつけると、世話になった一家は、全滅していた。近隣に住む人々の多くがそうであったように、広大な空き地だから安全と思われながら最大の犠牲者を出した陸軍被服廠跡へ逃げ込み、焼け死んでしまったのだった。尾津は、震災発生後数日以内のことだろう、踵《きびす》を返して新宿へ戻ってみると、街は騒然のさなかにあった。

——朝鮮人が暴動を起こし焼き討ちをやっている——

山の手の新興街・新宿でも、デマは乱れ飛んでいた。いきり立った者たちが、誰彼構わず誰何《すいか》し、勝手な判断で朝鮮人だと思えば袋叩きにし、朝鮮人はもちろん、日本人でも殺された人もいる。駅東側では、中村屋に朝鮮人の使用人がいることを近隣の者たちは知っていた。尾津が店の前を通りかかると、竹やりや刀をもった群衆がつめかけ、「朝鮮人を出せ」と息巻いている。

中村屋の女将、相馬《そうま》黒光《こっこう》は、夫とともに中村屋を本郷に興し、明治末に新宿に移るや斬新な発想で菓子やパンを企画販売して人気を博していた。商人としての顔だけでなく、インド独立運動の志士ラス・ビハリ・ボースをかくまったり、文学者やアーティストを支援しサロンを形作ったりと、世間の常識に流されない良識や美学、教養を持つ夫婦だった。

尾津は目を見張った。黒光は殺気立った男たちを前に一歩も引かず、大声を張っている。❖10

「うちには朝鮮人もインド人もいます！　みんなおとなしい人です。悪いことをしない人を引き渡すことなんてできません！」

いきり立った群衆は納得などしない。朝鮮人を出せ、の声はますます高くなる。じっと様子を見ていた大男は決然とした女将の姿勢に胸打たれていた。やがて男は、前に進み出た。腰に刀を落とし差しにして、鋭い目つきで周りを見まわす二十六歳の尾津だった。

「窮鳥懐に入れば猟師も殺さずというだろう。ここは引いてくれ」

それでも群衆は納得しない。すわ一触即発か……。

「言うことがきけねえなら、俺が相手だ」

大きなあごの上の大きな口を真一文字にして尾津が刀の柄に手をかけると、群衆はやっと引いた。黒光は尾津に感謝し、尾津も偉いおかみさんだ、との思いを胸にしつつ、雑踏のなかへ消えていった。両者は二十年後、この大震災に比肩する大戦災の焼け跡で、黒光がいま立ち上がっていた土地をめぐって、ふたたび接点を持つことになる。ちなみにその時期——終戦直後には、尾津もまた外国人たちと渡り合うことになるが、この震災時同様に、外国人への視線に差別的な色合いはまったく見られない。

震災は尾津の商売にも影響した。屋台を再開しようにもうなぎが入荷しない。しかし頭をかかえているだけの男ではなかった。中野に小麦粉があるとの情報を耳にすると、すぐさま飛んでいって手に入れ、丸めてスイトンにして屋台で売ってみることにした。地震のあと、新宿の街には被災者が大勢歩いていた。尾津の目論見通り、スイトンは飛ぶように売れていった。

稼ぎまくる一方、焼け出され、着の身着のままの人にはカネはいらないと言い、その旨書いた看板も立てておいた。実際に払わず食べていったのはほんのわずかな人数だったが、そのわずかな人たちも、後日ちゃんと支払いにやってきた。これは尾津にはうれしいことだった。

利潤追求と慈善事業を両輪で行う——大正期にすでに、尾津はこれを実践していたのだった。

都市の流通が停止したとき、またたく間に臨時店舗を仕立てて魔法のように物資を出現させ、売りまくる街角の手品師テキヤ。余談だが、筆者がかつて取材したテキヤ組織は、徳川時代、関西に端を発した古い集団だったが、やはり関東大震災に乗じて上京し、焼け跡で露店商売を広げて、都内に庭場を作ったと語っていた。

いやな言い方になるが、震災、戦災、混乱に乗じて跳躍できる組織がテキヤなのである。尾津が、終戦直後に露店商のポテンシャルを最大限に使うことができたのは、この震災後の体験をケーススタディとできたからに違いない。

燃え尽きた街のアイデアマン

臨時スイトン屋台は大いに当たり、小倉一家の者たちも尾津の真似をして屋台をやりだす始末だったが、アイデアマン尾津本人はさらに別のところへ目が飛んでいく。

　京橋を通りがかった際、河原の倉庫に、震災での火事で焼かれながらかろうじて残った焼け俵が大量に積み上げてあるのを発見。近づくと、なかには西洋皿が詰められているのがわかった。「これは……」まるで宝物を発見したように目を見開いた尾津は、すぐに人から人へとたずね歩いて、倉庫番を見つけ、持ち主に交渉、捨て値で全てを買ってしまった。

　皿をこすってみると、焼けついた藁の跡が模様のように浮き上がってくる――よし、これは使える。そう確信するとただちに新宿に運んで、近所の主婦たちに声をかけ、皿磨きのアルバイト隊を組織した。さらにここに〈震災記念〉と赤いエナメルで書き入れさせて売りだしてみると、またも大当たり。

　できた売上金は眠らせてはおかない。今川焼の鋳型が川口にあると聞きつけると、ただちにこのカネをもってそっくり買い入れ、今度は今川焼をたたき売った……のではなく、鋳型そのものを都内で売りまくった。帝都には震災で職を失った被災者が大量にいたのである。目のつけどころは他の香具師とは一種違っていた。

　気付くと、手元に三万円近い資金ができていた。[11] 企業物価指数から簡易的に見積もると、現在でいえば、おおよそ一千数百万円ほどの金額となろうか。資本もステータスもまるでない若者が、アイデア一つでわらしべ長者となれるポテンシャルを秘めるテキヤ。

　組織としては擬制的父子関係で強固に結ばれ、神農を祀り、各種儀礼を戦後になっても固く守った保守性を保ちながら、バイ（商売）するネタ（商品）は、売れるのならなんであってもいい、という柔軟性を併せ持つ。並みの露店商人で終わるか、工夫しだいでビュンと他者より突出し、大親分へと跳び上がるか。

バネが、システムとして内蔵されていた。尾津は、テキヤの奥行の深さ、真骨頂を見せつけた。溢れるアイデア、才覚をこのまま生かせたなら、大商人として終わったかもしれないが――まだ、ゆらゆらとゆれていく尾津の顔。

「商人」になろうとするが

大きな資金を得た尾津は、露店ではなく、ついに実店舗を新宿に買ってうなぎ屋を開店する。これを機に、露店商から足を洗おう。そう決めると、板前を三人も雇い入れ、自分でもうなぎをさばこうとねじり鉢巻きをしめた。震災余波の不景気で日々お茶をひいているばかりの中野新橋の元芸者も給仕係として入れてみた。するとまたも、面白いように、客がするすると入りはじめたのだった。

震災前後に始めた商売は、こうして全てが成功。表情のゆらぎはおさまり、商売人の「いい顔」ができるようになった。その矢先……月に叢雲《むらくも》花に風。流行れば流行るほど、歓迎しない者がしだいに寄りついてくるようになってきた。昔の悪い仲間が評判を聞きつけ、「おう兄弟」などとヘラヘラ店へ顔を出しにくるようになってしまったのだ。ただ飯を食らい、ただ酒を飲む。しばらくは昔のよしみで許していたが、そうなると余計に調子にのって、しだいに酔って客にちょっかいを出す者も出てきた。あるとき客になんくせをつけだした男を目にしたとき、持前の癇癪玉、久々の大爆発。

「こんな、犬みたいなやつらと付き合うのはもういやだ！」

尾津は、新しい鉢巻きを放り投げ、襟首をひっつかんで男らもオモテへ放り出し、散々にたたきのめしてしまった。数日後、その子分らがお返しにやってきたが、鬱憤を晴らすように返り討ちにし、新宿の往来で、大立ち回りを見せつけてしまった。いつの時代も、いざこざの起こりそうな面倒な店に客は寄り付かないもの。あっという間に傾いていく店。これで尾津は商売がいやになり、結局、店をたたんだ。ゆらゆらゆれていた商人の顔が遠くへ去り、鬼が寄る。一転、荒んだ生活へと入っていこうとする尾津を、人はこう呼んだ。「新宿の鬼熊」。

暴力とともに生きていく

自分の商売へのセンス、機転には自信があったのに。料理の心得も知識も付けたのに。二十代半ばを超え、時代は大正が終わろうとするころ。尾津はまた商人から離れた。気分は日々、荒んでいった。

鬼熊の異名をとって、ふたたび舎弟分を引き連れて新宿の街をうろつくうち、紛争の調停が早くも持ち込まれてくる。言うまでもなく、尾津のその身から、また子分たちから、噴き上がっている示威力を期待されてのこと。たとえば、劇場乗っ取り計画の解決。震災の焼け跡に劇場の建設予定があり、賭場を開いていた右翼団体のリーダーが我が物にしようと企んでいた。子分も抱えており、完全なる暴力団の親分である。尾津は劇場側に依頼され、単身乗り込んで親分方と談判し、乗っ取りは無事に水に流れた。しかし、本当は単身、ではなかった。親分方の建物付近に若い衆を見えるように配置し、なにかあれば相手にも相当の被害が出ることを匂わせた。

結局、示威力で事態を収拾して御礼をもらっているのだ。尾津はこのとき、完全なやくざの顔をしていた。

自分を慕って付いてくる若い衆を食わせなければならない。そして示威力で商売するのならば、自分の名を出すだけで事態が収拾されるよう、名を上げないとならない。鬼熊の異名でなく、平井扇風の名を上げたかった。

尾津は、池袋へ出る。鳥取県知事や貴族院議員を歴任した武井守正男爵の旧宅が借家に出されていたのか、借りられることがわかると、昔の仲間、子分を三十名ほどあつめ、ここに「皇国決心団」なる組織を結成した。

この名から、純粋な政治結社などと思ってはいけない。十代のころ作った「紫義団」と実質は大きくは変わらない。紫義団のころは子ども同士で小銭を集めていたのだろうが、今度は過激な政治活動によって名を上げ、各所よりカネを引き出そうと企図していた。警察的表現を借りるなら「政治ゴロ」、現在でいえば半グレ組織にきわめて近い。やったことは無茶苦茶、この男の生涯でも最も無茶苦茶な時期であった。

大正の終わり、昭和天皇が摂政官だった時代に、その馬車の列にブラジル公使が礼を欠いた行動を取った小事件が起きた。「よし」、これを知るや突如として尾津は自動車に乗って、ブラジル公使館へ乗り付け、なんと敷地内まで侵入、抗議行動だ！と暴れたわけだがもちろん逮捕。

かと思えば、アメリカに排日機運が盛り上がっていると知るや、今度はアメリカ大使館に忍び込んで、星条旗を竿からひきおろして、またも捕まっている。

ほかの政治団体の壮士たちとも小競り合いを繰り返し、大きな「出入り」（やくざ者同士の衝突）があれば、自ら抜刀して相手を威圧した。この時期、尾津は「企業協調社」という不動産ブローカーの実態不明の会社も興す。尾津本人が後年語った一言が正確だろう。「インチキ会社」。

大正の終わりごろ、二十七歳くらいのときのケンカでは、人を二人殺してしまっていると後年アメリカ人記者[12]に話している。子分が出頭したのか尾津は逮捕されなかったから、虚勢を張ったのか事実なのかは不明。ちなみにこの時期、逮捕歴自体は実際に二回あり、刑務所にも入っている。一度は大正十五年十一月十三日、東京刑事地裁にて恐喝で十か月、少しあとになるが昭和三年十月五日、同じく恐喝で十か月である。[13]

こうして平井扇風の名はそれなりに「業界」に売れたようだが、このような仕業で売っていく名になんの意味があるのだろうとの思いが、彼を追いながらも筆者の心をよぎっていくが、売る先は一般社会でなくアウトローたちの世界。一定の意味はあるのか、とも思い直す……。確かにここへ売り出していかねば、各地に勢力を持つ親分衆に一目置かれることもなく、子分も集まらない。子分がいなければ、組織的な示威力を持ちえない。

しかしここまでだった。

乱暴狼藉を繰り返すうち、手下たちは増長、その横暴に手が付けられなくなってきて、尾津本人ももてあまし気味になってきた。ここで政治団体「赤化防止団」総師の米村嘉一郎から、もう潮時では、と提案を受ける。赤化防止団はアナキストを襲撃したり、東京市長時代の後藤新平の邸宅を襲撃するなど、テロ行為をいとわない過激派組織。その総師に諭されてしまうとは、このときの尾津グループがいかに哲学なき、無法者の集まりだったかの証左と言える。

米村のすすめ通り、結局尾津は、この団体も解散した。

テキヤ一家を構え、再出発する

池袋を根城にするのをやめた尾津、もう一度新宿へ。

やっぱり露店商売で出直そうと決意したのだった。盃をもらっていた小倉との縁は切れていない。切ろうと思っても切れないのだが——この生涯テキヤであるという刻印が、尾津のこのあとの人生にとって大きな意味を持ってくる。

大正最後の年、二十八歳のとき、ついに関東尾津組、結成。かくてテキヤへと戻ってきた尾津。

さあ、いざ露店商売へ、とおもった矢先、靖国神社境内での露店商間のトラブルを解決してくれと、早速親である小倉から調停話が持ち込まれる。もちろん示威力で騒動を沈黙させる仕事だ。依頼通り出張ったことでふたたび恨まれ、夜道で襲われ大けがを負い、入院もした。商人かやくざか——ゆらゆら揺れ続ける尾津の顔。このころ直系の子分もいたようだが、状況から推測して、十人かそこらといったところではないだろうか。仲裁話と小倉の持つ庭場での商売だけでは到底食っていけない。

そこで全国の祭礼を回って商売しようと思い立った。これをテキヤ用語で「旅人《タビニン》」といい、オーソドックスな彼らの商法のひとつであった。全国各地に庭場を持つ世話人役の親分たちがいて、そこに話を通しながら売り歩く旅。尾津は日本各地を売り歩くうち、土地ごとの産物や人脈を得ていった。このことも後年、生きてくる。

この時期、二度目の結婚もしている。四谷花街で、源平という名で半玉に出ていた、美しく気立てのい

昭和初期の新宿大通り（昭和7年撮影）

い女性だった。源平を名乗る前は、吉原にいたようだが、尾津は過去にこだわらない――おのれも他人にこだわられてうれしい過去は持っていない。

旅に出たり、事件を仲裁したりしながらも、ようやく新宿を拠点とした露店商売に腰を落ち着けられそうだった。震災を契機とした街の変化も尾津の背中を押した。帝都中心部から見れば、片田舎の匂いただよっていた新宿の街が、急激に変化しようとしていた。

そもそも人口流入が続き、膨張し続けていた東京ではあるものの、震災によって壊滅した下町から山の手へ移住する人々が増加していったことが新宿伸長の背景にある。

内務大臣・後藤新平の主導で大規模な帝都復興計画が立てられ、当初の壮大な土地区画整理プランはそのままの規模では実現できなかったものの、それでも幅三十六メートルの靖国通りは整備され、民間企業も新宿に注目しはじめ、三越は震災直後に東口に自社配給所をマーケットに仕立てて進出、この大正十四年には、ほてい屋デパートが三丁目に完成、伊勢丹も続いた。東口には新駅舎も完成している。

昭和に入ると恐慌によって経済不安が押し寄せたものの、新宿駅の可能性の高さが上回った。鉄道輸送によって後背地から食料・物資を運び込むに都合よく、官庁街への接続点でもある新宿の地の利を私鉄各社は認め、新宿駅以西へ路線を拡充させていった。西から新宿駅へと出てくる、購買力の高い中間層が徐々に厚みを増していったのである。

高山春吉事件

尾津個人としては商売がふたたび軌道にのり、街としては震災復興事業がひとまずの完了を見、帝都復興祭がとりおこなわれた昭和五年ごろ、事件が起こる。

関東尾津組組長である尾津喜之助の片腕として名を売っていた、高山春吉という子分がいた。小柄な男ながら子分のなかでも頭一つ抜けていて、胆力も腕力もあって、このころ台頭してきていた。ただ、才走るあまり、独断専行の気質を持っている男だった。名馬はことごとく悍馬《かんば》より生じるという。尾津は、俺ならいずれ御すことができると放任していたが、それはやせ我慢に過ぎなかった。

高山はやがて、「関東兄弟分連盟」なる組織を作る。各組を横断して、幹部級の子分たちの横のつながりを目指す親睦団体の形をとっていたが、あきらかに親分衆への対抗勢力の結成を目論んでいた。尾津は、他の親分たちから目に余るものがあると忠告を受けはじめた。連盟はひそかに、都内各地の親分の庭場を侵し、各露店から、なにかの名目を付けて金銭をとってもいるらしい。それでも尾津はしばらく、沈黙をつづけた。

そんな折、高山の兄弟分にあたる井口という男が、高山の妻と密通、二人して駆け落ちしてしまった。腹を立てた高山は井口を追うのではなく、尾津のもとへ怒鳴り込んできたのだった。「子の不始末は親の不始末」というわけだ。どうこの落とし前をつけるのだと親分に凄む子分。下剋上の機運高まり、事ここに至ってはもう放置してはおれない——。

ある日、ついに尾津は刺客を放つ。

数人の男たちが高山宅に躍りこむや、気配を察知した高山は即座に二階へ駆けのぼり、暗闇でぎらぎらと白刃を振って追ってくる男たちを、階上からハシゴを突きだし突き出ししながら防ぐ。刺客たちがひるんだ隙に、小さな身体を生かして屋根から屋根へと跳ね、逃げ失せてしまった高山。その後の行方は杳《よう》として知れない。暗殺は失敗した。失敗して、どこかほっとしている自分に気付く尾津だった。

ところがある日、便りが届く。

「指を三本つめますので、許してください」

高山の詫び状だった。「仕方ない、水に流そう」尾津は傾きかけた。しかし親分衆が掣肘《せいちゅう》を加えてくる。会合に尾津が出向いた際、どう始末をつけるのだと皆に詰め寄られるまでに至った。関東兄弟分連盟はすでに、既存の親分たちに公然と対抗の意志を示していたのだ。

「尾津よ、高山は身体は小さいが執念深い男だ。今度の件で俺たちに恨みを含んでいるに違いない」❖14
尾津はとっさに言い切った。

「きっと……俺が制裁する」

昭和五年十一月五日 （水曜日） THE YAMAGATA SHIMBUN

夕刊 山形新聞

絃歌さざめく色街 宵の口不敵な殺人

ピストルで狙撃し滅多斬り

二名は逮捕二名逃亡

ドスをぶらさげ 血塗れで自首

宮内へ逃込む四名

山形から一路 自動車で逃ぐ

車中で格闘して 最年少者を犠牲に

神農會を汚し 仲間に睨まる

縄張りを乾兒に委せ 人目を避けてかくる

胸を撃たれ「待て」と絶叫 待伏せの四名無言で斬殺

悠々と止めを刺し血を拭って

誘ひ出す奇怪な若い女の電話

右脇下に致命傷 全身に十九ケ所

花小路殺人の現場

今に蘇生すると 夫を待つ妻

看護の床をのべて

手先に使はれ ボーイの驚き

オーバーの紳士はたびたび徘徊したと

神宮競技會に 柴田両孃奮戦

一躍日本的選手となる

明治節拜賀式

米澤早くも初雪

昨年よりは六日早い

事件を伝える新聞記事（「山形新聞」昭和5年11月5日夕刊より）　＊写真を一部加工しました

会合の翌朝、後悔はしたが――酒をだいぶ飲んでいたので、大きいことを言ってしまった。しかし公的な場での発言、子分たちも聞いている。もう後戻りはできない――。

詫びを入れてきている以上、高山の居所はとっくに割れている。ほどなく、子分ら主導で高山の潜伏先であった山形の花街・花小路へふたたび刺客が差し向けられ、高山は、殺された。

下手人二人はその場で出頭し逮捕。のちに総勢七名もが逮捕されたが、実行犯とともに、殺人教唆の罪で逮捕されたメンバーのなかに、のちテキヤ組織としては最大規模となっていく極東会の創立者、関口愛治が入っていた。尾津と関口は兄弟分の関係である。ここからみても、尾津組直系の子分はそれほどいなかったとやはり推測される。

人の生涯を物語として眺めたとき、あかあかと燃え上がる赫奕《かくやく》の一時期と、湿り気の多い陰鬱の一時期が入り乱れて終幕へ向かってゆく。このあたりのくだり、じつに暗くて、湿っぽい。戦前戦後を走っていく一人の男を追う筆者の足も、ときどき重くなって、このあたりはまたいで越えてしまいたい。

殺人という行為に宿る暗さのことではない。事件を捉える尾津自身の暗さをまたぎたい。本人はこの殺人を、執念深い親分衆から迫られたものと後年まで捉えている。右に記した事件の顛末も尾津にきわめて距離の近い媒体を出典としており、「周囲の人に迫られて仕方なくやった」という、尾津にとっては他責的な推移をしたのかはなんともいいきれない。

加えて、親分の意を汲んで暴力行使へと進んだ配下たちに、責任の一端を担わせてさえいる。後年、「私の苦しい胸の中を、子分たちは察することができない」とまで回想している。

戦前の尾津に限らず、戦後の暴力団組織も「子分が勝手にやったこと」「自分は指示をしていない」と言う指導者たちは珍しくなかった。尾津喜之助は、俠客・幡随院長兵衛《ばんずいいんちょうべえ》を自任した男だったはずだが、この点では右の暴力団上層部の発言となんら変わるところがない。

高山を許す気が尾津の心に兆していたのは本当と思える。だが上意下達、絶対服従の組織にあって、親の意を汲まない殺人などまず行われない。指示は曖昧、しかし高山拒絶の意思表示は明確、こうした場面はなかったか。任俠、義のために云々と言っても、最終的に入獄して泣きを見るのはいつでも組織内で下層の人々。こう思うときふと、ある思いに駆られる。

勇ましいことを言って死地に大勢の若者を差し向け、敗北すると現場の隊長クラスに簡単に自決を強い、自分たちは腹を切ることなく戦後も生きたこの国の軍隊組織上層部がオーバーラップしてくる。我々の国の組織は、表社会も裏社会もそうした体質を作りたがり、それは昔から現在まで宿痾《しゅくあ》として残り、隙あらばいつでも地下茎のように広がろうとしていないか――。

それでも首の皮一枚、尾津喜之助には救いがあった。並の親分とは少々、違っていた。

尾津はまもなく、自首したのだった。


筆者も気を取り直して、もう一度、追跡を続けよう。

組織や親を守るため、子分が望んで死地に向かうのを、泰然と見送る態度こそ大親分だというナルシシズムは、他の親分並みに尾津も持っていたが、もうひとつ、「自己批判したがる性質」も持っていた。内省の結果、いったん何かを決意すると、築き上げたもの全てを突然投げうってでも正しいほうへ向かおうとする、「苛烈な道徳心」がここで顔を出した。喧嘩が強かったと伝わるのも、ここに一因があったかもしれない。瞬間的に捨て身になれる強さ。しかしそれは自己消滅さえいとわない危うさと背中合わせでもある。

今回の殺人教唆事件では、もっとも保持すべき尾津組をなげうってでも、下した決断を他の親分たちから二度見されようとも、えい、と自首してしまった。この自己批判気質と、リーダーとしての脆弱さは、首の皮一枚分、人として信用に値する。

昭和七年六月十三日、[15] 尾津は殺人教唆の罪で十三年の懲役刑を言い渡され、宮城刑務所に収監された。縛《ばく》について間もなく、さらなる内省の沼に沈んでいかざるを得ない一事が尾津の耳に入る。

高山を刺し殺した子分は、東北から上京後、尾津のもとでテキヤとなっていた。青森には老いた両親を残してきていた。息子が人を殺めて入牢したと聞いた故郷の老夫婦は、日々、心労が積み重なっていった。そんなある日、男が訪ねてくる。男は言う、「息子さんの刑を軽くすることができます。ただ……そのための運動費がかかるのです」。純朴な両親は家、田畑を売って金を作り、男にそっくり渡した。この詐欺師が姿を消し、息子の刑もなんら変わらないことがわかったときの老夫婦の無残さは、目も当てられなかった――自首後、服役していた尾津は、これを監獄のなかで知る。

「すべて俺のせいだ」

すぐに自殺しようとしたが、未遂に終わる。癇癪玉と自己批判気質、苛烈な道徳心、怒りっぽいわりにすぐに反省する素直さ、大胆なようで、自死しかねない神経の細さを同居させていたのが尾津喜之助だった。

やがて死にきれず服役しているうち、ほかの囚人たちと知り合う。刑務所には、自分などよりも「大物」が収監されていた。

一人一殺を掲げ、大蔵大臣・井上準之助や、財界の重鎮、三井合名理事長・団琢磨らを射殺した血盟団事件の首魁・井上日召《にっしょう》や、社会運動家で、共産党（のち転向）の鍋山貞親《さだちか》らだった。ほかにも原敬を暗殺した中岡艮一《こんいち》もいたようだ。誰とどれほどの仲となったのかは定かではないが、尾津が痛感したのは、自分の罪は私怨、彼らは大義のため、ということだった。そうして思い至る。

「ここを出たら、今度こそは世の中のために一身を捧げよう」
世の中のために——以後の尾津を追っても額面通りに受け取れない面多々あれども……ひとまず、このとき本人は心から思った。それでも決意の小さな輝きの粒が終戦時まで失われなかったことで、のちの活躍を生む。

はじまった監獄生活では、囚人と看守間のいざこざを調停したりと相変わらずな場面もあったが、娑婆《しゃば》での斬った張ったの日々から隔離され、時間はたっぷりと確保できた。尾津は獄中読書に熱中しだした。青春期、まとまった読書もできなかった分を大きく取り返していく。戦国武将の伝記にはじまり、徳富蘇峰『近世日本国民史』、『万葉集』『源氏物語』『法華経』などに特に強く惹かれていった。尾津が獄中学に熱心になったのには、早いうちに学業を放棄してしまったことへの悔恨が背景にあったはずだ。

記憶力がよく、耳学問的に知識を蓄えることはもともと得意でもあった。

ひとつ余談。学問、といえば、尾津がのち出所したあるときに、早稲田大学の学生にからかわれたことがある。「先生、川柳と俳句はどう違うのです?」。獄中で和歌をたしなむようになっていた尾津は学生の挑発にむっとしつつも、定義の違いを事細かに教えて聞かせたのだった。口角泡を飛ばして自分の息子くらいの青年に、「小僧なんぞに負けんぞ」と言わんばかりに解説する男の姿を想像すると、どこか可愛げを感じてしまう。

こうして十年近くを塀のなかで暮らし、[16]模範囚として出所した男の手元には、行李六十箱分の書物が残っていた。

出獄後、一介の露店商に戻る

塀の外の世界は、十年のうちに大きく変容していた。同時期に入獄していた井上日召の同志たちが、五・一五事件で犬養毅首相らを暗殺したのが尾津入獄の年。政党政治は終焉へと向かい、軍部が台頭、尾津が移った秋田刑務所[17]から出所した昭和十六年の末には、日本は太平洋戦争へと突入していく。

暗雲垂れ込める灰色の時代へと入っていくこの時期に、浦島太郎のように娑婆へ戻ってきた尾津。それでもまだ彼自身は華やかさに包まれることができた。上野駅には親分の出所を出迎え、祝う子分たち、関係者の人の山。しかし、そのなかに妻の顔だけがなかった。尾津は——獄中で妻に離縁状を送っていた。

実は尾津の逮捕後、妻は裁判費用を工面するためにふたたびお座敷に出ていた。四谷花街時代の名、源平から直龍という名につけかえ、渋谷円山町の花柳界へ。

尾津の後年の述懐では、こうした境遇の彼女を不憫に思っての離縁と受け取れるのだが、男女のこと、実際はわからない。いずれにしても尾津出獄前には、直龍はどこかの旦那に落籍《ひか》されて子どももうけていた。ずっとあとになって彼女が没落したと風の便りにきいた尾津は、少し包んで、送るのだった。

刑務所に十年もいた、浦島太郎になってしまった、といっても、尾津の経済基盤はむしろ盤石となっていた。稼業の親である小倉米三郎は亡くなり、自分たちのグループが保持する庭場（ナワバリ）から、尾津のフトコロには、ほとんど独占的に露店の場所代が入ってくる状況になっていたようだ。尾津の庭は、四谷、淀橋、中野、麹町、赤坂、渋谷、世田谷から多摩川沿岸、遠くは川越手前から八王子まで[18]。版図は広大だった。

ところがこれを、すべて子分たちにやってしまう。

「搾取的生活にいやけがさした」

また自己批判気質が顔を出したのだった。上納金で暮らすピラミッド型組織の頂点にいることに辟易したのだ。……と、本人は言っているが、別の理由もあったはず。十年の歳月、広大な庭場の運営は各地に封じていた幹部たちが担っていたわけで、親分が戻ったからと、彼らから全て召し上げるのは現実的ではなかったのかもしれない。ただし手離したとは言っても、親分子分の関係は切れなかったし、手元にそれなりの蓄えも残ったに違いない。

失ったものがある反面、得たものもあった。長年の獄舎生活が、尾津にひとつの風格を与える。冷暖房もない監獄で暮らすうち、腕や胸についていた隆々とした筋肉は落ちて痩せ、獄中で中風を病み（つまり多年の飲みすぎが原因かと思うが脳血管障害が出て）、ときどき手にはふるえさえ出た。[19] しかしかえって鋭さは濃縮され、枯淡の風格が宿った。加齢、獄中学によって分別も相当についた。羽織袴姿となれば、背が高く、あごの大きな四十三歳のこの男は、誰であっても認めざるを得ない、威容を備えるに至った。

それでももう、大親分をやってはいられない。なにしろ庭場がない。尾津はまた思い直す。

「よし、もう一度、一人の露店商としてやってみるか」

新宿の尾津、を自任してはいたものの、新宿駅前にはすでに、新興勢力・安田組が進出していた。組長・安田朝信は終戦後、新宿駅西口一帯に大きな闇市を作り、その一部がのちのちまで残存し、現在まで続く「新宿思い出横丁」へと発展していくのだが、そこは後述するのでまずは先へ進む。

尾津としては、この安田にテリトリーを侵された感覚はあったが、いまの自分は出所したばかりで力がない。争いを避ける道を選び、新宿から少々退いて、中野駅の南側にあった花街、中野新橋に尾津組の事務所兼住居を構える。ここは関東大震災以後、昭和初期に成立した比較的新しい花街で、新進の親分である尾津には水が合った。芸者置屋も経営しはじめたようだ。

　このころ、新しい妻、久子を迎えている。久子も元芸者だった。尾津組に入ってくる大きな固定収入はほぼなくなったとはいえ、先代小倉以来の庭へ、自分の露店を張ることはむろんできる。夫婦二人で、新宿三越付近[20]に出店してみることにした。あのあたりなら、安田ともぶつからない。

　売るネタは、玩具を選んでみた。子どもの土産になる十銭ほどの瀬戸物人形だ。中野新橋の花街から、久子と二人、夫は荷車をひき、妻は後ろから押しながら新宿に出、これを並べ売った。ちなみにこのときの出店場所は、終戦時の不法占拠露店とは全く性質を異にする。戦前、渋谷や銀座、上野など繁華街の指定区域に、「夜店」と言われる露店が出ていた。尾津もここに加わったようだ。

　昭和初期の帝都の盛り場を彩った夜店について、尾津が出店したこの夜から十年と少し前、昭和五年ごろのレポートが筆者の手元にある。

> 新宿の露店をのぞいて、まず第一に感じることは、贅沢品のないことである。上野や、銀座あたりの夜店には有閑階級向の品物をかざっているものが少なくない。これに反して、新宿では買って帰ればすぐ使える有用な品物しか売っていない。（中略）浅草では書き忘れてならない名物の食い物露店のごときも、新宿ではほとんど全くないといってよい。
>
> （『東京盛り場風景』酒井眞人　誠文堂）

戦前はこうした露店が新宿通りに二百数十軒ほどもずらり並んでいたという。戦争がはじまっても序盤戦のうちはまだ相当数が出店していたはず。右のレポートでは浅草より新宿の露店は営業時間が長く、夜更けまでやっていることも指摘している。

新宿は、関東大震災後に躍進した新興の繁華街である。駅から西へ西へと広がっていった郊外の住宅地に住みついた人々は、銀座の人々のように嗜好品に大枚はたくことはなく、かといって浅草のように一杯数銭の食い物屋台を歓迎する職人たちの気質とも違った中間層であった。

尾津も食い物屋台でなく、仕事帰りの勤め人に、子どもの土産を買ってもらおうと商品《ネタ》を選んだに違いない。

玩具の露店商売、初日の売上は百二十七円。夜店がひけて片付けも終わり、家に戻って深夜一時、尾津は百二十七円を枡に入れ、神棚にそなえた。喧嘩にあけくれたり、牢獄のなかにいるより、声をはりあげて、街の表に立って商売する、これはやはりうれしかった。

人から忌み嫌われ「やくざ」と冷たい視線を送られようとも、抗争をいとわない裏社会と往来を行き来する人々が暮らすオモテの世界を接続するハブが、サンズンと呼ばれた小さな露店なのだった。露店で物を売るとき、尾津を含めたテキヤたちは、魂を浄化させることができた。

「俺は、商人だ」

血生臭い抗争を忘れ、汗の匂いにまみれる喜びを確かめる。襖の奥でサイコロを振らせて汗をかかずに巨利を上げる博徒の隠微さは俺たちにはないのだと。路上を渡る風を感じながら一日オモテで物を売り、終われば露店をほぐし、跡を掃き、水を打ってその場から消え去る。

周縁の商人テキヤの商売は、繁華街中心部に泰然と座す百貨店とも違う。一流品をショーケースに陳列しておけば客のほうから来てくれるようなことはない。往来の人々が露店に偶然の接触をした瞬間、「おもしろい」「値ごろだな」と認知させ、売り抜けねばならない。バイ（販売）するネタ（商品）の斬新さと値段は生命線だった。


尾津の玩具もしばらくは売れていたが、しだいに売れなくなり、あるころを境にパタッと売れなくなった。ならばと今度は、子分の一人から、輸入品のパナマ帽が浅草に眠っていると聞き、見に行ってみた。不揃い品で形もゆがんでいるが、ピンときた。少し手を加えればものになりそうだ。

アイデアがひらめいた尾津はサンプルをひっつかんで飛ぶように帰り、久子に言ってたらいに水をはってもらい、火鉢にのせて沸かしてもらった。たちのぼる湯気に、枕を芯にした帽子をかざしながら形を整えると、あら不思議、面白いようにきれいなシルエットに仕上がった。捨て値で買った三千個の品が、見違える一級品に変貌したから、それはもう飛ぶように売れる。久子と手伝いの子分と三人、目が回るほどの忙しさになった。

が、しばらくすると一転、また売れゆきがパタと止まる。お次は大陸から流れてきた扇の山をみつけだした。描かれた絵や漢詩、色彩などを見、「使える！」と踏むやまたも大量に仕入れ、売り抜ける。これも飽きられたら銀の打ち出しのたばこ入れ、錫《すず》の花瓶、ビロード張りのコンパクト……落ち着く間もなく、次々に尾津が路上に展開していく品々のむこうには、いつも三越の豪奢な建物が悠然と構えていた。

尾津は自分がアイデアマンであり、美的感覚も、世間の好みも捕捉できている自信があった。品が商圏内でこれ以上頒布《はんぷ》できないとみるや、一気に販売品を切り替えた。動きが速いともいえるし、せっかちとも言えた尾津の性分は、販売物が固定されていない露店商売にふさわしかった。

尾津は商品の値付けの際も、のちのちまで対抗意識を燃やした百貨店をおのれの足で回ることで適正相場を調べたり、配送業者が納品にやってくれば祝儀を渡し一杯飲ませて帰すことで、運転手は一番最初の納品先に尾津を選ぶようになった。朝注文を出すと昼には品が届く体制ができあがった。

驚くのは、こうした流通ルートを完成させたのは、戦争の只中であったこと。昭和十二年にはじまった日中戦争は泥沼化し、翌十三年には国家総動員法が施行され、戦争遂行のために物資をかきあつめる政府には強力な権限が与えられるようになっていた。十五年には各産業ごとに統制会という経済団体が作られ、計画経済のなかで物資は管理されはじめ、米も通帳による配給制となっていく。あらゆるモノが次第に欠乏をきたし始めた時期のことだった。

周縁の商人テキヤたちは、こうした経済統制の埒外《らちがい》にいた。終戦時に統制を無視して、瞬く間に闇市を敷きならべたように後世思われがちだが、実際はこうして戦中からその下地はできていたのである。

手が空くと尾津は久子に店を預け、夜店の一軒一軒の品を、懐手をしつつ眺め歩くのを楽しんだ。古本の露店に立ち止まっては店の親父と話しこんだり、国芳の武者絵を拾い出して買ったりもしていた。元来好奇心旺盛で、ディレッタント的性質も多分に持った親分なのであった。

戦争末期、ふたたび新宿へ進出

出所後二年、夫婦して荷車を引いて夜店商売を続け、昭和十八年五月、尾津はもう一度新宿へ戻ってきた。場所は角筈《つのはず》一丁目。現在の靖国通り付近である。ここに関東尾津組の看板を掲げたのだった。後年、一帯は歌舞伎町桜通りの名が付くことになる。裏手の家も買い取り、相当の広さを占めていたようだ。後日、新宿駅北西の柏木にも別宅をもうけているから、駅をはさんで東西に拠点を持つに至っている。戦争も後半に差し掛かり、街からモノが急速に消えていく時期にあっても、尾津組の倉庫には売る商品が十分に蓄えられていた。もうひとつ言うと、この時期に組織が一気に伸長していく。玩具を夜店で売っているだけでは到底大きな儲けにはならない。飛躍の秘訣は、「軍」にあった。

新聞に「商品何でも買います　関東尾津組」と記した小さな新聞広告を都下四大新聞に頻繁に出し、入手した資材はおもに軍需工場へと販売していったのである。軍需産業とのコネクションが生まれると、今度は逆に半製品が持ち込まれるようになり、尾津組には物資と資金両面の集積が進んでいった。❖21

付け加えたいのは、軍隊と繋がりを持ったとは言っても、癒着していたとは言い切れなかったこと。少なくとも本人のなかでは——。たとえば、こんなことがあった。

ある日、軍需省に勤務する顔見知りの技師から、省内の不正の話を聞いてしまった尾津。戦争遂行のために集めた血税を使い、温泉地で芸者をあげている佐官級軍人が十一名もいるらしい。子分を使って疑惑を調べてみると、果たして事実であった。

「なんだと、けしからん！」。突如例の「苛烈な道徳心」が頭をもたげる。さっそく不正を事細かに記した内容証明郵便を軍人たちへ送りつけて追及したところ、相手方から反応があった。組事務所に金品が届いたり、省の嘱託にするとの辞令が届いたり。そのすべてを拒絶すると、今度はうってかわって芝憲兵隊に引っ張られてしまう。ここで尾津は殴られたらしい。

血税浪費を指摘する尾津だけれど、ここで筆者も尾津の自家撞着を指摘せざるを得ない。後日彼が語ったところによれば、軍への商品販売時に、工場付の監督官将校の発注証明さえあれば、どんな高値で工場が買い取ろうとも闇取引にはならなかったのだという。自分が高値で売りつけたかは明かしていないが、半製品を工場から仕入れたり闇同然の売買はしていたわけであり、血税が注がれた商品が尾津のもとへ渡っているわけである。不正に憤りながら、自分も不正の恩恵にあずかっている矛盾。本人はまったく気付いていないし、仮に指摘しても「君、それとこれは違うよ」と、意に介さないだろう。本人は、この時期軍人に歯向かって左翼的だと人に言われたのに、戦争が終わるや右翼と言われだしたことに苦笑するだけだった。

ともかくこうしたルートを使い尾津組は相当の利益を上げていたようだが、どれほど儲けていたかを示す客観的資料は手元にない。このころ、組の一日の売上は一万円にのぼったともいうが。おおよそのところ現在の価値で三百万円ほどにはなろうか。同時期、大久保に武蔵組土木株式会社という建設会社も立ち上げる。前述したように、尾津は庭場を有力子分にやってしまったが問題にならなかった。露店出店の権利金などあてにしなくても、卸売業者のように、自分の販売力で利益を出せるようになったのである。加えて露店以外に土木事業もおこしているわけで、より一層、商人、実業家の色合いを強め、以後の活躍を支える資金力を蓄えていった。

昭和十九年に入ると、長女・豊子が生まれる。尾津はなによりこの娘を溺愛した。日本舞踊を習わせた

幼少期の尾津豊子。古いモノクロ写真でも端正な顔立ちなのがわかる（「世界少年少女画報」昭和29年5月号より）

りもし、発表会があれば見に行っては目を細め、ときには涙をこぼした。子役として映画『二十四の瞳』に出演したほどに美しく、聡明でもあった。

長じてからは、「実はお前はもらいっ子なのだ」と尾津は自分と久子の間の子でないと豊子に伝えたことがあったが、実際は家のお手伝いさんか誰かに尾津が産ませた子らしい。豊子のほうでも父喜之助を尊敬し続け、老境に入ってから父の一代記を著している。そのなかに登場する主人公尾津喜之助は、完全無欠のヒーローそのものである。それだけ仰ぎ見る存在だったことが伝わってくる（本書後半で、豊子を知る人たちから筆者が取材した話を少々記す）。

さて終戦前年に戻ろう。このころ、新宿の街はどのようであったか。

序盤の攻勢からすでに守勢に回っていた日本は、絶対国防圏と銘打つ防衛線を設定したが、ライン先端のサイパン島が守備隊全滅の末に陥落すると、米軍は同島にただちに最新鋭爆撃機Ｂ29の基地を建設、日本本土は爆撃範囲内におさまってしまう。帝都には無差別爆撃の危険が迫り、主要駅前では、空襲火災の延焼防止のために、あわただしく建物の引き倒し措置・建物疎開が進められた。

新宿駅には陸軍の豆タンク、一同浅黄色の服を身に着けた多摩刑務所の囚人たちが姿を現し、次々に家屋が除去されていった。神楽坂・荒木町・十二社《じゅうにそう》の芸妓たちまでも駆り出され、女子挺身隊としてあわただしく軍需工場へ送られていった。建物疎開だけではない。将来鉄砲をかつぐべき人材、つまり子どもたちも地方へ送って温存する措置がとられた。いわゆる学童疎開である。新宿の街から人の姿が次々に消えていく。

並みのテキヤなら、衰微していく街で、肩をすぼめて自分の商売だけは守ろうと四苦八苦するところ、尾津喜之助はやはり、一風変わっていた。

「学童疎開、どうなっている。ちょっと見に行こう」

「苛烈な道徳心」がまた突然顔を出して、尾津内部のどこかのスイッチを入れてしまう。一度オンに切り替わるともう誰も止められない。尾津は腰の重い親分ではなかった。なんと地方へ子どもたちの様子を見にいく視察旅行へ出かけることを思いついてしまった。九月、カネをかしていた新聞記者、子分、兄弟分をぞろぞろと引き連れて、東北へ出発。

一行には、のちに新宿駅前で大規模な闇市、野原組マーケットを作ることになる野原松次郎も付き従っていた。宮城・作並温泉には浅草・田原町国民学校の子どもらが疎開していたから、指導教員らと面談して座談会をしてみたり、尾津の根拠地である新宿、当時の淀橋区の学童が草津温泉に疎開していたのを知ると、群馬へも足を延ばした。

次々に疎開先を訪ね、施設のひとつから大工がいなくて困っている、と聞けば、よし任せておけと即答し、東京から人を送る手はずを整えたりもした。ちなみにこのとき派遣された大工は、子分の一人、茂木竹治で、テキヤ組織に属しながら杉並区の区会議員もつとめていた。後世、現在の感覚で反社会集団を捉えるのと同じ目で彼らを見ようとすると見誤るのは、こんなことからも言える。

親元から離されたさびしさと、食糧難のひもじさ、地元の子どもたちからのいじめによって疎開児童たちは元気をなくしていることが多かった。尾津は、旅館に収容されている気落ちした子どもらを目の当りにするにつけ、啄木の『一握の砂』の一節がふと心に去来する、文学的感傷家親分でもあった。

他方、リアリストの顔もみせる。尾津は、地方と東京の子どもの差異、受け入れ側の課題を観察分析して記録している。どこへ行って面会や視察を申し込んでも、相手方は尾津ら一行を受け容れてくれたので、サンプル数は十分にあった。そのはずである。受け容れてもらうだけの手土産、慰問品や慰問金をたっぷり持参しているのだ。もちろん尾津の自腹。

最終的にはレポートをまとめ、文部大臣に陳情書を提出したようだが、どのようなものだったか、陳情にどれほどの効果があったか今となっては不明ながら、敗戦後数年ののち、尾津はこんな意見をのべている。〈子どもたちを全国の有力な農家に数人ずつ分散させて、里子のような形で疎開させるべきだった〉と。陳情書もこれに近い内容が記されていたのだろう。これが戦中に実現していたら、財力に十分な農家が、数人だけを養う形だったなら、子どもたちに違う境遇があったのでは、と筆者は夢想してしまう。

だが現実には、疎開先現地と派遣元で細かな連携があったとはいいがたく、敗戦直後、いつになっても子どもを引き取りにこない親が相当出て、引率した先生方が残った子どもの処遇に困るケースが頻発した。迎えなど、来るはずがなかった。じつは親や家族は東京大空襲をはじめとした戦災で全滅している場合があったのだ。宙に浮いた子たちのなかには、人買いや悪徳農家に引き取られ、社会から見えなくされてしまった子も大勢いた。

児童福祉法の成立する前の時代、貧弱な社会保障の網からこぼれ、誰からも見えず、学校も行かせてもらえず労働に駆り出され、命を落とした子もいるし、逃げ出して孤児となって、学ぶ機会さえなく厳しい半生を送り、現在最晩年を迎えている元孤児もいる。あらためて考えてみても、終戦間際の行政に、テキヤの親分の提言を受け容れてきめ細かな分散疎開ができたとは、残念ながら思えない。

なんにせよ、尾津は戦後闇市で突如ヒューマニズムを見せつけたのではなく、戦中から慈善活動をしていたことには注目したい。そして行政と連携をとろうとしていたことにも。突飛な一人相撲をとっていたのではなく、リアリズムのなかで動こうとしたアクティビストとして見ることもできる。彼はいつでも、おのれの資本力を存分に使って慈善活動に動く。こうした動きができたということは、刑務所から出所して数年のうちに尾津が資本力を持ったことをやはり証している。

先へ進もう。

視察旅行中、尾津は二か所、学童疎開とは関係がない場所へ立ち寄った。ひとつは、自分が入れられていた宮城刑務所。二か所目は、山形・法勝寺。この寺には二十数名の疎開児童がいて、慰問はしたのだが、訪れたのにはもうひとつ理由があった。墓参りである。尾津が刺客をさしむけ、自分が宮城刑務所に入ることになった殺人事件の被害者、高山春吉の墓参りだった。

こうして視察旅行は終わった。ほうぼうで子どもらにたくさんの慰問品を渡し、小さきものたちに見送られつつ、尾津一行は帰路についた。最後も少々、事件が起こる。

東京へ戻る一行が列車にのりこむと、もう足の踏み場もないほどの満員で、通路にもデッキにも乗客がいた。尾津は黙って立っていたが、車内に突如、赤ん坊の泣き声が響き渡る。三十半ばくらいの母はおぶっていた子を胸に抱き直したりゆらしたり、あわててあやすものの泣き声は大きくなる一方。しまいには火がついたように赤ん坊は泣き叫んだ。満員の車内。尾津の横にいた主婦が鋭い声をあげた。

「誰か代わって掛けさせてあげればいいのに」

主婦の視線の先には、数人の青年士官がいた。ある者は二人掛けに横たわり、ある者は別の二人掛けにどっかり座り、軍刀を杖にして眠っていた。主婦の大声が自分らに向けられたのを知った一人が、そちらへ向き直りざまに言う。

「泣かない子とかえてこい。こううるさくては寝られやせん！」

瞬間、自他ともに認める癇癪男の癇癪玉が炸裂した。

「おい。君は武士の情けを知っているか？　満員の車内で二人掛けを一人で占領して、婦人を哀れとも思わず罵倒するとはなにごとです。君、返事があれば承ろう」

少々言葉数が多いようだが、相手はすでに顔を真っ赤にしている。

「君はなんだ⁉」

「私は、関東俠客、尾津喜之助」

若い士官たちは急に押し黙り、しぶしぶと母子に席を譲って一件落着。……とは行かず、中尉の肩章をつけた男が尾津の前まで進み寄り一言。

「貴様、国家の干城《かんじょう》を侮辱したな」

「侮辱？　ならば子持ち女は公衆の前で罵倒していいのか？」

「なに？」

中尉は尾津の胸倉をつかむ。瞬間、尾津は思い切り相手の足を踏みしだきながら、

「軍人は、礼儀を正しくすべし！」

一声怒鳴るとあとは、子分が中尉を別車両に引っ張っていき、以後音沙汰なくなった。

親分本人の回想だから、相手に最初からこんなに丁寧な話し方や接し方をしたのか、少し割り引いて考えたにしても、軍人相手に正義を通そうとしたのは事実だろう。

そう、確かにこのとき正義が行われているのだが、ふつうの市民であれば、声をあげず我慢して、そのぶん平和に時は過ぎていく。しかしながらこの人々はふつうとは違っている。暴力を背景において正義を訴える。このことで紛糾や衝突を呼び寄せてしまう。暴力がしたい人々なのではなく、暴力を呼びこみがちな人々なのである。

大空襲の余波、新宿へ

昭和二十年三月十一日の朝、新宿の街には見慣れぬ人々が大勢、姿を現した。すす汚れで全身真っ黒になった者、着物が破れ火傷している者、煙にあぶられ目を真っ赤に充血させた者がぞろぞろと、東から重

東京大空襲後の光景（昭和20年撮影）

い足取りで歩いてくる。

東京大空襲でからくも生き残り、逃れてきた下町の被災者たちだった。前夜、下町一帯はB29大編隊の無差別爆撃を受け、たった二時間ほどで約十万もの人々が死亡していた。街に男手は少なく、女、老人、子どもが、大勢焼き殺されていた。

新宿駅前、住友銀行の前にぽつんと座る、老夫婦。焼け出され疲れ切った無惨な姿があった。

それを目にした尾津。瞬間的に立ち上がり、ただちに子分たちに集合の号令をかけた。次々に集まってくる男たちに指示を与えるとき、色の黒く、骨格の大きい男の鋭い目は、爛々《けいけい》と光った。

――ほどなく、新宿駅前にはおかみさんたちが握るおにぎり部隊がまず、出現した。兄弟分であった野原松次郎率いる野原組組員の妻たちによる炊き出しだった。尾津組の備蓄米では足りなくなって、子分たちに声をかけると、皆喜んで各自の家へ散り、なけなしの米を持ってふたたび集まってきた。

時を同じくして下駄、帽子、チョッキ、はさみ、糸針、鼻紙、ボタン、箸などつめた慰問袋を大急ぎでこしらえ、罹災証明書を持っている被災者たちに配らせはじめた。またたく間に続々被災者が押し寄せ、結局証明書なしでもどんどん提供してしまったので、しまいには近隣住民までがどんどんと並びだしてしまった。米も履物もほとんど市場から消えた時期のこと。並ぶ者たちは下駄などとくに喜んだ。鼻緒をすげられる人が街からいなくなっていたので、尾津は下駄を売る露店商を呼びだして休む間もなくすげさせた。ある被災老人はしみじみと言った。

「本所から五里を歩いてきたが、こんなにしてくれる人はいなかった」

改正道路（現・靖国通り）に「慰問品無料進呈関東尾津組」と大書した看板をデンと掲げてはじまった一日が終わったとき、尾津は六十五万円分の在庫品と在庫米すべてを供出したぞと胸を張るのだった。❖22

尾津は、おのれの善行をありありと表明したがる。

これは、生来の目立ちたがり屋性分だけでなく、彼が育った業界の価値観のなかに、「貸し借り」の価値体系があるからだろう。たとえば義理ごと（冠婚葬祭）があって、何か金品をもらったり出席をしてもらえば、自分のほうも同等の返礼をする。喧嘩をふっかけられても同等の報復で応える。いつも借りた分は返す、ニュートラルに戻ろうとする力が心のなかで作用する。

尾津の前半生は後ろ暗く、本人もそれを自覚していた。ここで社会への借りを返そうとしたのだった。「刑務所を出たら正しいことをする」と誓ったからには。半世紀後、阪神淡路大震災の折、西の任侠組織が救援活動をおこなったことが筆者には思い出されてくるが、彼らにもそういった意識があったのだろうか。

過去の悪事を、大盤振る舞いの善行で洗い流そうとする尾津の強い明るさ。強烈な光は濃い影を生む。尾津の暗さは、ここでも顔を出す。この慈善活動を進めるとき、尾津は子分らを走らせ、新宿駅前の主要な大店に協力を依頼しに回った。ところが応じるところは皆無だった。二十年前の関東大震災時にも下町は壊滅し、避難民が西へ移動してきたことで新宿は繁栄してきたのに。「新宿地主」[23]たちは炊き出しひとつしないとは、借りを返さないとは。——尾津は暗く、うらめしい炎をふたたび心のなかで燃えあがらせるのだった。

「新宿地主」たちは、尾津の目からみれば、下町大空襲の惨状に恐れをなして地方へ逃げ出したいくじなしたちである。地方への疎開荷物の山にあふれ足の踏み場もないほどの新宿駅構内、金持ちの荷物はすぐに送られ、貧乏人の荷物ばかり雨ざらしで何日も放置される様、金持ちたちが荷を運ぶトラックや荷車、リヤカーを根こそぎ貸し切ってしまうことで運賃が高騰している状況が尾津の眼に映った。賄賂を受けた国鉄職員による疎開荷物の優先輸送は、庶民から恨みをかっていたが、尾津にとってそれらは、カネのある新宿地主たちの仕業なのだと、暗いまなざしを向けるのだった。

慈善活動と闇商売

下町空襲から間もないある日、尾津は淀橋警察署長に呼びだされる。

「尾津君、警視庁の命令で新宿の盛り場に防空壕を作らねばならん。ただし三日しかない。男と見込んで頼む。できるか」

「男と見込んで」は、この業界の人々への殺し文句として有効だが、親分たる尾津はもちろん裏の意図もわかっている。つまるところ資材もカネもださないということ。尾津は苦笑しつつも受けた。❖24 走狗《そうく》としての役割であることはわかっていたが、警察に「貸し」を作るのは悪いことではないと踏んだ。戦中からこうして、当局とテキヤ組織の蜜月はできていたのだ。

確かに、この手の突貫工事に親分子分関係の組織を当てるのは好都合だった。普通の土工は徹夜仕事が続くうちに逃げてしまう。「ヤクザは逃げない」と尾津は言う。具合が悪くなっても、女房を作業に出してでも親分の命令を貫徹すると。四百人を四組にわけ、尾津は昼夜兼行作業をさせ、新宿駅周りに見事十六か所もの壕を掘りきってしまった。使い勝手のよい尾津組はこれより少しあと、終戦直前にふたたび警察から相談を受けている。広島原爆の投下に危機感を抱いた当局からの依頼を受け、駅前・指差し横丁(現・新宿三丁目付近)の焼け跡三千坪を整理し、蛸壺五百個を掘りあげてしまった。

尾津自身も空襲に備えた。指差し横丁前にあったもとの家は、建物疎開の指定地にかかってしまったので立ち退いて、近くに大きな家を買った。その敷地の前に千五百坪ほどのちょうどいい空き地があり、ここに壕舎《ごうしゃ》を作ることにした。「新宿地主」のように疎開せず、空襲の恐怖が迫る新宿に踏みとどまった自分に、尾津は胸を張るのだ。

この壕舎というのは、地下を掘り下げて空襲に備えた防空壕に居住性を持たせた、いわばシェルターのこと。空き地は、日露戦争時、仁川沖海戦で勝利した瓜生《うりう》外吉《そときち》海軍大将の旧宅跡地で、その後都有地となっていた。淀橋区役所土木課の許可を得、建物疎開の古材を払い下げてもらい、そこに建築したのだと尾津は言う。

見落とさないほうがいいのは、終戦前のこの時点で、すでに他人様の土地を「ちょうどいい空き地」として尾津が認識していること。現在のように新宿が高層ビル化されておらず、土地が投機対象としての属性を宿す時代よりはるか昔のことなのは勘定に入れるにしても、それでもこの感覚は注目すべきだろう。

駅西側・柏木の家は第二倉庫的扱いにして、業者相手の物々交換の市場も終戦前からはじめていた。懐中電灯の電池二万個とか、堺の包丁三千丁とか買い入れたというが、どこから入手し、どこへ流したのか——。闇市の萌芽は戦争中からあったのだ。

尾津の空襲への備えは間を置かずに実を結ぶ。

昭和二十年四月十三、十四日、城北の大空襲、五月二十五日の大空襲など、先月の下町空襲に続いて山の手も大規模な空襲に見舞われていく。前者空襲で柏木の家は焼失。後者で、新しい自宅も業火に包まれてしまう。燃え上がる我が家へ、突然破門にした子分が走り寄ってきて火中へ飛び込み、燃え落ちる家からは、わずかに秋田の地酒・爛漫が持ち出せたのみだった。呆然としながらそれに口をつけるひとときだけが、尾津を慰めた。

それでも瓜生空き地の壕舎は、無事だ——。気落ちしている暇はない。食糧の備蓄もあったから、気をとりなおし早速また炊き出しをはじめる。空き地で、焼け出された人にお粥やみそ汁、福神漬をふるまった。薪は、焼け残った自分の家。

前者空襲の直後、四月十四日のことだった。

切羽詰まった表情で尾津のもとに駆け込んできた男がいる。角筈一丁目北町町会長、鈴木喜兵衛だった。

区役所裏手一帯は焼け残り、そこに中村屋所有の寮兼倉庫の二階建て建物も残っているという。鈴木はそこを避難所として二千人ほどの住民を集め、警察から乾パンや毛布を支給してもらうのに成功していた。迅速さと行動力は目を見張るものがある。

　鈴木が心配していたのは夜だった。それだけの人数を集めながら、いくら灯火管制に慣れているとはいえ全くの無灯では支障が出る。しかし警察にも役所にも、ろうそくやランプ類は全く備蓄はないという。もしや……と藁にもすがる思いで、尾津組の門をたたいたのだった。

「承知しました」

尾津はすぐに百本のろうそくを鈴木に引き渡した。欣喜雀躍する鈴木はさらに驚かされる。翌十五日になって、尾津組の若い衆が大樽を運んできた。なかには、被災者一人一椀が行きわたる分量の粥が詰まっていた。

　この鈴木の頭には間もなく、ススキの野原のような我が町内を復興させ、一大興行街に育てようというプランが思い浮かんでいく。のちに東京都建設局の石川栄耀《ひであき》らとタッグを組んで計画を進めて行き、石川は新興街に名前をつけた。歌舞伎劇場を目玉としたから、歌舞伎町。鈴木は歌舞伎町の父である。[25]

　慈善と闇商売を両輪で行うのが尾津スタイル。尾津は空襲に屈せず、むしろ商売を伸ばしていく。テキヤの真骨頂をここでも見せた。省線電車さえ復旧せず、烏有《うゆう》に帰した駅前・柏木の通りで、空襲警報を日に何度も気にしながら、急ぎバラックを建て、売り台をこしらえ、露店商売と、同業者との商品交換市場を再開したのだった。壕舎の横に、八畳の広さの第二壕舎も設け、交換会はむしろ活況を呈していく。以後、夏ごろまでには三十万円にのぼる現金と大量の商品をストックすることに成功した。驚くべきことに、これは、あらゆる物資が払底した終戦の年の話である。

本人の述懐から、戦中、関東尾津組が軍と取引きしていたことは明白だし、軍部は民間にある物資を、カネに糸目をつけず収集するのに狂奔していた歴史的事実もある。尾津は軍民の間に立ってブローカー的商売をしていたと推測できる。取引は、実質的な「闇」であっても、前述通り監督官のハンコをもらえば、合法となってしまう極めてグレーなものだった。つまり、終戦直後の闇市は、やはり突如生まれたものではなく、戦中の闇商売と地続きのことなのである。

やがて終戦間際になると、各地の空襲は頻発、世間の物価高騰は著しくなってきた。尾津は、世間が露店へ批判の眼を向ける前に、いっとき新宿の露店を一斉閉業しようと同業者たちに働きかけるのだった。こうした動きをしたことからも、戦中の尾津の心理には、闇商売へ後ろめたさを持っていたことがうかがえる。

そして、昭和二十年八月十五日がやってきた。

尾津の露店がその日、本当に閉鎖していたことを示す、こんな記述が残っている。


駅前の表通りには、いつもなら尾津組の露店が並んで、針だの、櫛だの、安全カミソリだのを売っていたのに、この日は正午の玉音放送で早仕舞いしたのか、店は一軒も出ていなかった。表通りにまわったが、ここもガランとして人影がなかった。

(安岡章太郎『僕の昭和史』講談社)


芥川賞作家・安岡章太郎の終戦の日の記憶である。尾津は天皇崇拝者ではなかったが、玉音放送を聞いたときだけは、涙が頰を伝った。

第二章

闇市の誕生

マーケット建設資材の調達に奔走

敗亡国家の新興繁華街・新宿は、終戦の日、八割を焼失していた。[1] 罹災者はおよそ二十二万人。あらゆる物資の欠乏は極限に達して新宿御苑の庭園も芋や南瓜の畑と化し、強制疎開と無差別空襲によって、駅周辺は真夏の日差しにあぶられる瓦礫と虚無が広がるばかりだった。

だがこの日、尾津は、「持っていた」。現金数十万円、大量の商品、新聞広告を打ったり、どこかに眠るストック品を仕入れ闇で売り抜けるノウハウ、一気呵成に動く子分という人的リソース、連携できる兄弟分という組織力、軍需工場との取引ルート、痩せたとはいえ肩幅広く、この時代としては大柄な四十七歳の男の、気力と体力を。

そして懐手したまま腕組みした着流しの奥には、ここ数年闇で大きな儲けを出した後ろめたさと、「苛烈な道徳心」と、溢れんばかりの自己顕示欲もおさめられていた。

終戦直後の新宿。伊勢丹と三越が見える（昭和20年撮影）

玉音放送の引き金がそこへ電撃を打ち込み、持つものすべてが化学反応を起こして、たちまち横溢《おういつ》した。まさに溢れる、としか言えぬほどにアイデアと行動力と侠気をほとばしらせた尾津は、この日を皮切りに奔馬のように新宿の街を走り出した。

終戦翌日の十六日、まずは淀橋警察署を訪ねた。「貸し」をさらに積み上げるべく、焼け跡の整理を無償でやりますと申し出る。ここまでの貸しも貯まりましたね、今回はリターンをすぐいただきたいのです、と言わんばかりに要求したのはマーケット建設の内諾。

一も二もなくすぐさま認められた。これで動ける——。

現代になってよく勘違いされるのは、終戦直後は無政府状態で、無法者が勝手に闇市を作ったように捉えられがちなこと。前述してきたように、戦中から下地ができていたところに、こうして当局の許可も得てから堂々とスタートしたのだった。全くの無許可では、白昼、首都最大規模の繁華街にマーケットなど建てられるはずはなかった。

尾津は署長と話をつけると、ただちにマーケット建設資材の調達に動く。腰の軽い親分である。淀橋警察署を出たその足で埼玉・鳩ヶ谷の籠・簀垂《すだ》れ問屋の田中屋へ向かい、九尺二寸（約2・7メートル）のヨシズと竹竿を十八日までに用意してもらう約束を取り付ける。

丸太も必要だ。それなりに保有してはいるが、ぜんぜん足りない。ハタと思いだした。「大久保の町会が陸軍技術本部から払い下げてもらっていた丸太があったな」。埼玉から新宿へ踵を返し、町会長のもとへ到着したときにはもう夜が更けていた。

会長は酒を飲んで酔っていて要領を得ない。会長夫人に副会長宅を教えられ向かうと、もう深夜。かまわず焼け跡に一軒きり焼け残った門柱を目標にして、一人ずいずいと歩いていく。

このとき尾津の心中は、興奮に満ちていただろう。

資本もコネもなくても、戦前のみならず戦中でさえ莫大な利益を出せるほどに商才を持っていた尾津。現代でいえばベンチャー企業の経営者のような位置づけになるだろうか。現状認識力に優れ、時代にあった事業計画を思いつけば、おのれを信じて即座に行動に移ることができる。伸《の》るか反るか、勝負するひとときに言い知れぬ興奮を感じたはずだ。

自分の立てた計画にもとづいて自分を動かしていく喜び。他人が面倒に感じるようなことも、おのれの決めた工程をひとつずつクリアしていくのだと感じられれば、全く苦にならず、足は軽くなり、むしろ脳内に快楽物質も横溢する。

それにベンチャー企業より、よほど我が意のままに進められる。企業体ではなく、封建的な親子関係を結ぶ組織なのである。子分たちを思うままに、黒いものも白いと言わせながら動かすことができるのだ。

計画には、イレギュラーな事象の発生ももちろん織り込んであるので、かなりの困難がふりかかっても負けない。ただそれを超えてくるほど想定外の大きな出来事には、むしろ強いストレスを感じやすく、反発として、今度は全力で排除しにかかる。

夜中、安田副会長宅の玄関をたたく。初対面なのに趣旨を伝えるや、安田は即座に意図を理解した（念のためだが、テキヤ・安田組の安田朝信とは別人）。元憲兵中尉の男だった。副会長は尾津の計画に頷いた。

「結構なご趣旨ですからお譲りしましょう。しかし……」

無償で陸軍から払い下げを受けていて、尾津から料金を得るべきか自分では判断がつかないという。明日、町会ではかると。ベンチャー社長は速度を尊ぶ。尾津は切り出す。

「はなはだ勝手ですが、日にちが切迫しています。安田さんの独断でいかがでしょう？　大久保町会へ復興費として、私から五千円寄付させていただくとしたら……」

奔馬はカネをばらまきながら前進する。

これで話はまとまった。さらに、赤羽にいる在日朝鮮人たちの飯場用板材が相当数余っているとの話が持ち込まれた。これも早速言い値に酒代をつけて買い込み、資材準備は十七日には完了した。

ところが予想外の事態が発生。淀橋警察署で大見得をきって申し出た瓦礫の片付けが遅々としてはかどらないのだ。五回にわたる大きな空襲によって、鉄筋、コンクリ塊が層をなして積み上がったまま放置され、雇った石工たちのスコップ程度では歯が立たない。せっかちな大男は懐手しながら、じりじり焦がれるように、進まない作業を眺めていたが、埒があかない。

しびれを切らしたせっかち男は突如閃いた――。明くる十八日午後に、片付け現場に製罐業者五人が姿を現した。解体業者とは畑違いながら、彼らが十五キロのハンマーを瓦礫にたたきつけると、面白いように粉々になり、あっという間に堅牢なコンクリ塊は消えてしまった。まるで日露戦争・旅順要塞攻略戦のよう。白兵突撃では歯が立たない要塞へ、本土防衛のため据え付けてあった二十八サンチ砲を引き剝がして送り、撃破したような場面である。

突貫工事で生まれた更地には、あわただしくヨシズと丸太で売り場が構築された。仕上げとして電気工事を徹夜で施し、こうして本書冒頭で記した「新宿マーケット」が見事開店したのだった。焼け野原にともる電灯の光は、大久保あたりからもよく見えた。

売り台の上には、さっそく溢れるほどに商品が並べられた。出どころにやはり、軍需工場。

戦中、民需を犠牲にして生産を続けた各軍需企業の下には、多数の下請け工場が紐づいていった。増産につぐ増産を命じられた工場では割り当てられた資材だけでは到底間に合わず、統制外の闇ルートでも仕入れを行い、発注側はその料金もかまわず払ったので、下請け側ではどんどんと資材を手元へ囲い込んで要求に応えていった。このサイクルが終戦によって突如断ち切られた。

自然、在庫は大量にだぶついてしまうがどうしようもない。資材をもとにした民需（尾津は平和産業と言う）製品に製造転換ができれば製品は売れるだろうが、いまだ「公定価格」の存続しているなかでは、いくら売っても利益を出すことはできない。もちろん販売ルートもない。

戦前、物資の統制を進めた政府によって、庶民の身の回りにあるおびただしい商品に売価が設定され、小売側で勝手に安くしたり高くしたりは許されなかった。戦争が終わっても「マル公」と言われたこの制度は存続していた。

読者に時代背景を理解していただくために、やや堅苦しい話になるが、この公定価格制度や、配給制度のことを、ここでかんたんに説明しておきたい。

昭和十二年に日中戦争がはじまってから、政府が指定した物品には、価格抑制策（暴利取締規則）がとられたが、翌十三年にはこれを拡大して（価格統制令）、指定した物品の価格を告示する「公定価格制度」がはじまった。「闇」での取引によって、ものの値段が高騰していくのを防ぐために、値段が固定されたわけである。

昭和十五年には、価格の表示は三つのどれかのマークが付けられるようになっている。

㊁ 昭和十四年九月十八日現在の価格で停止された商品
㊍ 右の時点では存在しなかった商品
㊣ 政府が決めた公定価格

昭和十六年には、十万点をゆうに超える商品に最高価格が設定された。

モノの値段を縛るのと並行して、食い物の配り方も縛っていく。主食である米の価格は右の統制令とは別に、「食料管理法」によって決められた。

昭和十四年には「米穀配給統制法」が公布され、日本米穀株式会社が設立されると、米穀を扱う商売は許可制となり、お上が直接、主食を統制していく。十六年四月には、国家総動員法により東京、横浜、名古屋、京都、大阪、神戸の六大都市で米など穀物は配給通帳制になり、さらには酒や魚類、卵も配給制となっていき、全国各地もこれに続く。

鮮魚・青果物は、長期保存できない生鮮品であるにもかかわらず鮮度でなく重量をもって管理されたので、闇ルートのものは新鮮でも、公定ルートで配給されるものは腐りかけ、こんな異常事態も日常になっていった。

とにかく庶民は、がんじがらめのなかで、わびしい品々を買わざるを得なかったのだ。

よく戦争を体験した年寄りたちが言った「配給でつらい思いをした」というのは、この公定価格導入が進んで、国家が直接、庶民の食べ物や日用品を管理しだした時代の思い出なのである。

配給をうけるためには、交付された切符や通帳、購入券を使うことで食料を買ったり、外食する仕組みなのだが、よく勘違いされるのは、切符を出しさえすればタダで配給を受けられると思っている人がいること。単に買う権利を証明しているだけで、別途カネは支払わないといけない。

戦争末期にはそもそもの割りあて量が減らされたうえに、米のかわりに芋や豆などが主食がわりにされ、芋のツルまで食べるように推奨された。さらには「遅配」といって遅れたり、まったく配られない「欠配」もあって、戦争中よりも終戦直後が最悪の状態に陥っていく。

昭和二十年の米の収穫量は例年の六割にまで激減し、一日の配給量は一人あたり千二百キロカロリーしかなく、これを頼りに生きる都市生活者は食べ物も、身の回り品も、なにもかもが不足していたのだった。

尾津がこだわった自慢の『適正価格』

終戦から三日後、尾津が都下五大新聞に打ったとされる広告がある。

『転換工場並びに企業家に急告』
平和生産への転換指導勿論、その出来上がり製品は当方自発の『適正価格』で大量引受けに応ず、希望者は見本及び工場原価見積書持参至急来談あれ、
新宿マーケット　関東尾津組
淀橋区角筈一ノ八五三（瓜生邸跡）

「終戦三日後の新聞広告」。このフレーズは後世いくつかの媒体で見かけるけれど、おそらく後年、話を盛りがちな尾津本人の談話をもとに記述され、孫引きなどをされるうちそれなりに定着していった説なのだろう。筆者が確認した限り、三日後の新聞に右の広告文は見つからなかった。毎日新聞・昭和二十年九月九日の広告が戦後一番早くに出たものではないだろうか。次いで読売報知（現・読売新聞）・十三日の広告である。

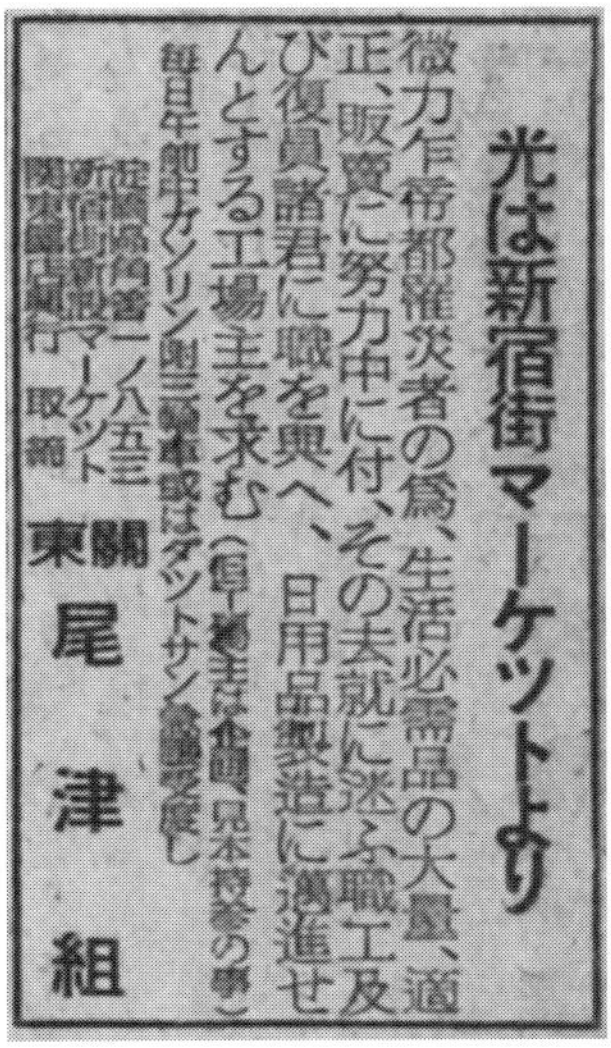
光は新宿街マーケットより
微力乍帯都罹災者の爲、生活必需品の大量、適正、販賣に努力中に付、その夫就に迷ふ職工及び復員諸君に職を與へ、日用品製造に邁進せんとする工場主を求む
關東尾津組

関東尾津組の新聞広告（「毎日新聞」昭和20年9月9日より）

文言も少々違うが、「光は新宿街マーケットより」とか、「光は新宿マーケットより」と謳い、工場経営者に来訪を呼び掛けてはいる。

ちなみに、尾津は常々百貨店をライバル視したが、松坂屋は尾津より前、終戦月の八月末の時点で「ご不用品買います」と新聞広告を打っている。旧態依然とし、混乱期にうまく動けない百貨店を尾津は嗤ったが、実情とは違う。皆、必死に商売へ向かっていたのである。

それでも一個人でしかない尾津の広告展開と商法は見事と言わねばならない。

広告で来訪を求めたのは、各種の工場関係者である。とくに、資材を持ちながら操業停止して宙ぶらんになっている軍需工場に、「こうしたらマーケットで売れる商品になりますよ」と指導をするし、指導通りに製品ができたら、尾津組で買い取ります、と案内する一連のスキームは実に見事。肝は、右の広告文中にも記してある
〝適正価格〟

これが尾津の自慢だった。工場側からは闇値（市場の実勢価格）の七掛けで資材を買い取り、ここに加工賃と経費を足し、利益を二割のせたものが、工場側に支払う適正な価格という計算式を作ったのである。

闇値の相場が存在しているわけだから、軍需製品はそれまでも横流しされていたに違いないが、白昼堂々一般消費者相手に大量にさばける販路などあるわけはない。

「三割を泣いてもらっても、業者にはちゃんと利益が出る」

尾津は胸をはった。マーケットの各小売店は、ここに二割をのっけて売ることにさせた。最終的に弾き出された金額は、闇値とマル公の間くらいになった。

『適正価格』。やはりコピーライターとしての尾津のセンスは抜群といわねばならない。公定価格が〝不適〟であるというお上への反発心を織り込んで庶民の共感を誘いながら、自分たちの価格こそが真っ当であるというメッセージもごくシンプルな言葉で表現している。文字を目にした者は、新宿マーケットへ強く興味を抱いたことだろう。

マーケットの販売員配置がまたおもしろい。マーケットは社会のためにやるんだ、と尾津は意気込んでいたことから、

「金遣いの荒い子分は一人も採用しない」

と言い切り、もうひとつ、新聞広告を出した。

男女店員二百名募集　但し失業緩和のため復員者を優先採用す　希望者午前中来談
新宿マーケット尾津組事務所

テキヤがマーケット全体を仕切り、戦災者など素人が売るという、以後全国に同時多発的に生まれた闇市の商法もまた尾津が嚆矢《こうし》である。全国の親分衆は尾津方式から相当の影響をうけていたはずだが、各地に生まれていくマーケットもまた、子分だけではとても間に合う規模ではなかったから自然のなりゆきだったともいえる。元手や技術がそれほどいらず、てっとりばやく商売がはじめられる露店商売は、戦災者、引揚者、復員兵たちの側でも飛びつく状況にあった。

終戦直後に新聞広告を打っているのは旧軍や行政関連のものが多く、尾津組の特異な広告は目立った。「かなりの工場担当者が来るはず」と読んだ尾津は、出稿してほどなく、角筈一丁目の尾津組事務所にペンキ屋を呼び出す。職人たちに事務所の近所にある電柱、塀など東西南北あらゆる方面に「関東尾津組」と書かせ、赤々と矢印を書き添えさせた。

事務所入り口にも組の名をでかでかと掲示し、受付用テントを二張り置いた。さて、フタをあけてみれば想定を超えるほど工場関係者が押し寄せ、組事務所前には、途端に行列ができてしまった。それほどに需給の停滞がおきていたのである。

尾津は食事をする間も惜しんで張り切って応対していった。とはいえ、終戦からまだ日が浅い。工場の人々は半信半疑の顔をぶらさげて尾津の前へ立つ。軍需品を「平和産業」品に転換するといっても、なにをどうしたらいいか。一応、自ら工夫を入れた転換製品サンプルを持ってくるのだが、箸にも棒にもかからないものも多々。

尾津は閉口はしてもさじは投げず、工場の設備・保有技術や、持っている資材が木、紙、皮、繊維、竹、陶器、金属、セルロイドかベークライトかなどを丹念に聞き取り、商品化できそうなアイデアを授けていった。さまざまなネタ（商品）を扱ってきた露店商である。目利きには自信があった。

こんな男も来た。手には国防色の足袋をさげている。どうやら尾津に粗悪品をつかませようという魂胆があるらしい。すぐに気付いた尾津は問う。

「これは糠袋《ぬかぶくろ》かい？　糠袋にしては裏がついているんで変だと思ったよ」

「先生、冗談言っては困りますよ。私は日本一のメーカー、福助にいた人間ですよ」

「君は今福助と言ったが、あれは最近堺から大量生産して売り出したものだよ。古くから名高いのは武州・行田足袋、作州の津山足袋などで、東京で有名な住吉町の茗荷屋、銀座の海老屋、深川の大野屋、南伝馬町の中川などに自分の足の型を取らせておいてね……」

と講釈をはじめると、男は苦笑いしながらどこかへ消えた。全国をタビニンとして露店を張って歩き、各地の産物について尾津は知識を蓄えていた。また別の男。一尺ばかりの刀のようなサンプルを突き出した。

「先生、これは長船《おさふね》ですよ」

「ははあ。長船かね。長船も明治初年ごろまでの祐平、祐永、祐春、祐包あたりはいずれも伯耆《ほうき》鋼をもって鍛えたから……」

尾津が長々と説明する間、男は下を向くしかなくなる。尾津は後年、新宿三越の裏に扇風堂という刀剣骨董店を出すほど目利きに自信を持ち、重文クラスの刀を自身でも保有していた。なまくらを持参した男は、高値で売り抜けることはできず、「適正」な値段で卸すしかなくなったのは言うまでもない。よほど酷い詐欺的な者が現れると、尾津はときどき癇癪玉を爆発させた。


行列からやりとりを見守っていた業者たちは、これではまっとうにやるしかないと腹をくくったのか、この日尾津から指導をうけるや、ちゃんと数日後に見本を持参してきた。駆け引き無しで、まっとうな品々を持ってきたことがわかると、尾津の胸は熱くなった。

昭和二十年八月二十日、終戦してたった五日しかたたぬうちのマーケット開設は、これらの商品も加わって、庶民たちを品揃えと安さで圧倒したのだった。翌二十一日も開店するやいなや話を聞きつけた客が次から次へとなだれ込んでくる。

大きな目をギョロギョロとさせ、その様を見ていた尾津のところへ、巡査がやってきた。淀橋警察署の安方四郎署長の使いの者だった。つい先日、マーケット開設の背中を押してくれた署長。なんだろうか——。

マーケットを見定めようとする当局

「尾津君、困ったことになった。警視庁から露店について指令があった。東京都の方針が決まるまで……明日から休業してほしい」

困った顔をして安方はため息をついた。すぐさま、口角泡を飛ばして尾津は反論する。庶民に露店は絶対に必要なのです！——もちろんなにをいっても暖簾に腕押しである（と、この一時閉鎖が決まった日付は、

さまざまな品物が並ぶ新宿のマーケット（昭和20年11月撮影）

尾津の記憶をもとに記しているが、淀橋署が公定価格維持のため露店を一斉休業させたのは九月十日なので、半月と少し時期のズレがあるが、ひとまずは尾津の証言を生かす）。

ともかく、開店早々、しばらく閉めざるをえない。さてどうするか、ため息をつきながら組事務所へ帰ると、今日もまた、転換工場の社員や重役、社長たちがサンプルを携えて並んでいる。ひとりずつさばきながら日を過ごしていると、二十四日の昼、右こめかみにひきつりのある男が、従者を連れて事務所に訪ねてきた。

「尾津君ですか。私は警視庁の重原です」

差し出された名刺に視線を落とすと、警視庁経済第三課長とあった。棚に入った転換商品のサンプル商品と価格表を見比べながら尾津に問うた。

「なるほど。この値段でやっていけますか？」

「できますし、もっと値は下げられます。ただ、今のマル公の価格のままでは、工場は動きません」

尾津は自信を持って説明した。マル公と闇値の間をいく、「適正価格」がいまこそ必要であると。工場はこれで動き、消費者も安く買える。たとえばお玉は闇値で二十円以上するが、新宿マーケットでは上等のものでも二円五十銭だと。フライ鍋なら闇値六十円のものがここなら十五円。説明を静かに聞いていた重原課長は尾津へ言った。

「じつは今、露店問題について、商工省や内務省、司法省と協議を重ねています。廃すべきか、指導育成していくべきか……」

それだけ言い置くと、重原は去っていった。ちなみにこの人物はのち、淀橋警察署長となっている。

マーケットの必要性を重原に十分に伝えられた手ごたえはあったが、このままでは潰されてしまうのではないか。いてもたってもいられない尾津は、座っているより動くことを好む。弁護士であり都議会議員である上条という人に仲介を頼んで、都長官（現在の都知事）に面会を申し込んだ。

すぐさま返答が来た。なんと廣瀬久忠長官は尾津と面会するという。戦争末期の小磯国昭内閣で厚生大臣もつとめた人物が、テキヤの親分の言い分を聞くと。それくらい都民にとって露店問題は死活問題であったのだ。実際、尾津の説明を広瀬はよく聞いたあと、こう答えた。

「公定価格は戦時中失敗に失敗を重ねた不自然なもの。これを堅持しようとは思っていません。しかしすぐには撤廃できないのです。そこで私たちも尾津君のいう『適正価格』と同じような査定価格で物を製造する方法を考えているところです。まず経済局と話してみてほしい。それから警視庁とも。こちらからも話を通しておきます」

上々の返答をもらうことができた。続けざま次長より、警視総監、保安部長、都経済局総務課長への紹介状ももらう。再開の道が拓けそうで上機嫌の尾津は、報告がてらその足で淀橋警察署へ向かう。ところが、安方署長はにがりきった顔を尾津に向けた。聞けば、

〈安方署長は尾津から三十万をもらい、両者は癒着している〉

との声があがっていると。しかも署長はすでに検事局から取り調べを受けているという。根も葉もない話だった。この安方は尾津から見ればかなり清廉な人物で、賄賂など受け取るはずもない。日頃酒も飲まない生真面目さをよく知っている。ある会合で尾津が酒を注いでも盃に口をつけなかった。ならば甘味だろうと砂糖を届けさせた。すると翌日部下が来て、まるまる突き返してきた。好意を無下にされたようで

腹立たしく、部下が帰るや尾津は砂糖の包みをたたきつけたが、彼の清廉さも同時に感じたのだった。

しかし他人から見て、癒着はなかったとはいえそうにない。戦中、淀橋署の警官が応召するから送別会をやるとなれば尾津は顔を出したり、蜜月関係にあったとの証言が残されている。[2] それに、この安方が警察を辞めたあと、なんの仕事に就いたか。本書を読み進めばおわかりいただける。

さて二十八日になって、尾津の名代として河野房夫という舎弟分が検事局へ出向いた。四谷三光町のテキヤ、河野組組長で、尾津の慈善活動にいたく共感して、「兄弟兄弟」といって尾津を慕った。当時、新宿には六つの組が警察側に認識されていたが、その一つだと筆者は推測している。もっとも規模の小さかったと思われるのが河野組で、自身の組名のつくマーケットは持たず、実質は尾津組の幹部のような動きをしていたようだ。

河野に遅れて尾津が検事局につくと、検事たちはすでに淀橋警察署長との疑いを晴らしてくれていたばかりか、マーケットの意義を理解して、警視庁に陳情に出向いてくれたという。検事たちに礼を言って、今度は商品サンプルを山ほどオート三輪に積んで警視庁へ向かった。彼らに品と値段を見せると、皆、うなっている。値付けがたしかに「適正」であるからだ。

翌二十九日、今度は商工大臣と商務局長を訪問した尾津は、ここでも統制価格の不自然を説いてきた。驚くのは、一介の露店商人のリーダーであるばかりの尾津に、権力中枢の人物が次々に面会していることである。それだけ露店が、終戦直後の都市生活者にとって不可欠な状態になっていたことを当局者たちは揃って注視していたということであり、尾津の話に耳を傾け力を貸しもするし、裏を返せば、不要であると見定めたなら、権力側は一気にその力を持って押しつぶすということでもあった。

親分はアイデアマン

為政者たちの思惑など尾津には考えている暇もない。敗戦によって困窮の極みにある新宿の人々に俺ができることはないか。湧いて出るアイデアを現実化することだけに熱中するのだった。

終戦早々、開けるなり閉じろと命じられたマーケットのその後を追うのはいったん脇において、アイデアマン尾津の終戦時慈善事業に少し目を移していきたい。

安方警察署長から閉鎖を命じられたちょうどそのころ、尾津は別事業も進めていた。

——物を売っているだけではダメだ。カネがなくて医者にかかれない人をタダで診る場所を作ろう——

一介の露店商親分が大風呂敷を広げ、「無料診療所」を開設しようというのである。

——八月二十五日、白いヒゲをへそあたりまでたらし、ふらり、ふらり、とした足取りで大久保方面から新宿駅のほうへ歩いていく爺さんが一人。辻々で、「先生！」と声をかけられながら千鳥足で歩いている。

ときどき声をかけた街の人と立ち話になるようで、はっはっはっは、と一丁先からでも聞こえる笑い声を発する。彼を知る人は誰もが彼を好いた。日ごろ、そこらに横になり、寝入ってしまうこともあった。彼が誰からも愛されたように、酒からも愛されたからである。

角筈一丁目の関東尾津組事務所までゆるゆる歩いて到着すると、爺さんは門内へ入っていった。奥で尾津とふたり、なにやら話し込んでいる。酒豪同士、間に酒瓶を置いて飲み続け、結局二升をのみほし、ヒゲ爺さんはその夜、尾津邸に泊まり込んでしまった。

翌日二十六日の昼、爺さんは尾津のもとを出発するや、ゆったりした足取りで、焼け残ったフルーツパーラー高野のビルへ入っていった。今日は酔ってはいない。「ヒゲの長尾さん」と近所で親しげに呼ばれる爺さんは、医師であった。

尾津より無料診療所の院長就任を要請され、前日、尾津に快諾を告げ、打ち合わせ後、爺さんはしたたかに酔っていたのだ。医薬品は、伊勢丹横にあった尾津のかかりつけ医・篠田病院が都合してくれることになり、副院長がヒゲ先生の片腕として通ってくれることにもなった。高野の支配人も、フルーツパーラーの営業再開の見通しが立っていないからと焼けビルの一室を診察室として貸すことにOKを出し、すぐさま尾津組の子分たちがビル周辺の瓦礫を片付け、診察室をこしらえた。紅白幕を張って、さあ迎えた開院初日。

十三時に受付開始するや、医者にかかれなかった貧しい人々が続々入ってくる。結局この日、十八時の閉院までに百七十一人の病人が訪れた。もちろん尾津が費用の一切を負担する。

かくて利益ゼロ、まったくの慈善事業がスタートしたものの、尾津が自任する任侠心を十分に満足させてくれたのは、実は、ほんの最初だけだった。

救護される困窮の人々に対し、人はしばしばか弱き子猫のような純真さを見、あるいは一歩進んで聖者のような像を投影してしまうことがあるが、実際はただ、人間であるばかり。食事に介護もついてひと月余りも入院して、快復成って退院しても、尾津にハガキ一枚送ってこないような恩知らずも現実にはずいぶん出てしまったのである。人間には、当たり前だが、いろいろな人がいる。

二週間に一度届く経費請求書を見て、尾津は苦痛を感じたが、歯をくいしばった。――こんなことを感じているようでは「俺は本当の任俠者ではない」。その痛みを書き残すことでうっぷんを晴らし、後世こうして筆者が記すことでやっと泉下の尾津は痛みから解放されるのかもしれない。

医院としての運営も難航した。協力をあおいだ医師会が「無料だと他会員の医院の脅威になる」と協力してくれない。診療所所長の位置に、形式的に医師会支部長を戴くことで、なんとか納得してもらう状況にはなったものの……最初は快諾してくれた高野へもスペースを返さざるを得なくなって、のち、靖国通りに面した建物へ移転していったが、ほどなく閉鎖してしまった。きっかけは、ヒゲの長尾先生の死。

それでも尾津のアイデアはぜんぜん尽きない。

無料診療所に飽き足らず、その横に今度は「尾津無料葬儀社」を設けてみた。言うなれば病院から墓場まで困窮者の世話をしたということ。この葬儀社の様子を見た人の証言が残っている。柿傳《かきでん》という京懐石店や、馬上盃という酒場、中村屋ビル内で「ととやホテル」などを経営していた実業家・安田善一は後年、こう証言している。


長いリヤカーに棺桶を乗っけて、花を飾って葬式をやってくれた。尾津組にたのめばお葬式を出してもらえるというわけ。そういういい面も大いにやったんです。

（『新宿区観光協会創立二十五周年記念誌 新宿・世界の繁華街』新宿区観光協会）

地元の名士——それも後に裁判で争う中村屋と懇意の関係者——尾津の「わるい面」を見せつけられた人をも認めざるを得ない尾津の「いい面」、義侠が、新宿駅前に終戦後、確かに屹立していた。

ある一家などは父親が死んで、残された親子三人は葬式が出せず、四畳半に遺骸を放置する有り様。それを知った尾津は自ら棺桶から僧侶の手配まで一式を世話し、棺桶用の板がたりないとなれば、面識を得ていた第一次吉田内閣の厚生大臣・河合良成に談判して、都合をつけてもらっている。

世話焼きは若者へも及んでいった。

戦争末期、損耗し尽くした下級将校を補充するため、軍部は徴兵猶予していた大学生に速成教育を施して戦場へ送った。いわゆる学徒出陣である。最前線に送られた若者たちは特攻隊をはじめとして、激戦地へと配属され、次々に命を散らしていった。終戦して命からがら復員してきたというのに行き場をなくしていた元学徒兵たち。彼らの窮状を目にした尾津は、桔梗《ききょう》寮という元学徒兵専用の簡易宿泊所を作って、疲れ切った若者たちの、いっときの足がかりとさせたのだった。❖3

人心がもっとも荒廃した時期に、ここまでやった個人はそういない。しかし人知れず善行をやるような陰徳ではなかった。社会への借りを返すのだ、という思いを尾津は大っぴらに人に話し、書き残した。こうして後世の筆者のような者に発掘されるのを彼は常にのぞんでいるのである。前のめりで陽徳をやる点に、まんまと筆者は惹かれるのだが——。

さて、無料で慈善活動をするためには、支える資金がいる。メディアは巨万の富を持つ尾津が表向きやっているにすぎないと報じたが、本人は台所事情は違うと反論している。マーケットでは尾津流の「適正価格」を設定していたのは先に述べた通りだが、おかげで転業工場から仕入れた鍋釜もほどよい安さで仕入れられ、だからといって高値で売らず、利益も「適正利潤」を受け取っていたにすぎないのだよ、と。

運営の止まっていた工場が、平和産業として活動をはじめた。その結果、たとえば闇値三十五円のフライパンを、十円で売ることができた。原価は八円である。つまり二円（二割）が適正利潤というわけである。その二割は、店員の給料や諸経費として五分、店主の利益五分、あとの一割は無料診断所などの費用にあてた。

（「話」第二巻第十号　昭和二十七年十月一日　東京社）

世間がいうほどにはカネはもっていないと尾津は言ったが、あるいはそうだったようにも思える。

新宿駅前、焼け跡の堕落

ふたたび視線を昭和二十年の夏に戻そう。

九月一日、淀橋警察署にふたたび呼び出しをうけた尾津。十日ぶりにマーケット再開のゴーサインだった（十日ぶり、というのは、この時期から七年ほどのちの尾津の記憶だが、十五日間としている同時代の雑誌記事〔「人物論」創刊号　昭和二十一年〕や、ひと月ほど後、二十五日の再開としているものもある）。

再開にあたって安方署長は、釘をさすのを忘れなかった。

「都の査定品を売って模範を示してください。それと毎月の商品価格の変動を表に記して報告してください」
査定品とは、尾津の「適正価格」と同じように、市場を無視した公定価格ではなく、小売現場の実相にあわせて都が設定した価格での商品ということ。二十五日、淀橋署の許可を得て、五十軒の露店が正札をつけて販売を開始している。[4] 要するに定価販売である。値段は公然たるものとなり、ぼったくりはできない。

このころ尾津がマーケットの売り子たちに着せた衣装がいい。黒のサテン地のジャンパーに、同じくサテン地の赤い腕章をつけさせ、そこには、「親切第一」というキャッチコピーとともに、「関東尾津組」と黄色く刺しゅうを施した。義侠心と功名心を堂々と同居させるすがすがしいまでの自己顕示欲の発露。自己韜晦《とうかい》型の人物が好まれるこの国では、尾津のような男はなかなか好かれない。いいわるいは別にしても、この国の世情が年中暗くなりがちなのは、このあたりに遠因があると筆者には思える。

さて、アイデアマン親分率いるマーケットは話題をさらい、再開店するや、賑わいは、それはそれはもうとてつもなかった。人々が殺到するあまり、十六時の閉店時間を守っていては客の要求にこたえきれず、売り子に残業手当を出して日没後十九時まで店を開けた。商品も焼け跡とは思えないほど集まりだした。下駄が二円八十銭、素焼きの七輪四円三十銭、フライ鍋十五円、野田からの醬油樽、千住からの手桶などなど……。

多量に物が売れ、売れるから作る、集まる、という好循環が生まれてくると、新宿マーケットの物価はさらに下がっていった。たとえば闇値で二十五円だったアルミのお玉は、一円を切るほどに。尾津は「世間の物の値段をこの尾津が下げ、物を出回らせ、人を助けるのだ」の大風呂敷を広げてコトにあたっているわけだから、利ザヤを大きくとって儲けようとはしなかった。

尾津は元来、賑やかなことが好きなお祭り男だ。こんなこともあった。見回るだけでは物足りんな、よしひとつ俺も売り場に立ってやろう——。そう思いたつや、親分自ら台にのって商品を手に持ち、雑踏の交通整理にあたることにした。その日はフライ鍋が八円まで値下がりした日。押し寄せる客は台上の尾津の足元まで迫って、親分手ずから説明しようと握っていた鍋さえ、我先にふんだくろうとする。客のひとりが親分の手元へ手をのばした矢先、ボン！　台の底板が抜け、瞬間尾津は秘所を強打悶絶。もはや口もきけなかった。

尾津がしゃべらなくても問題なかった。再開のこの時期は、本格的にマーケットの話題が報道にのった時期でもあり、勝手に人が人を呼んでいった。そのなかには各地から新宿マーケットの実情を視察する者たちも混じっていた。渋谷道玄坂の地主たち、品川の地元民、上野や浅草の人々。皆、同じことをしようというわけだった。

こうして都内各地の主要駅前には続々と、物資統制を踏み破ったマーケット、いわゆる「闇市」がでそろってくる。物資が集積される鉄道輸送の要所に多くは作られ、大阪、愛知、兵庫はじめ全国にも続々と生まれていった。

尾津本人は、闇市をはじめたのは俺だと胸を張っていたが、一足早かったのは事実にしても、配給制度の矛盾、流通の崩壊、なによりモノがなにもない、そうした事態が同時多発的に起こっていたこの状況下、

「青空市場」とか「自由市場」などと呼ばれるマーケットが尾津の与り知らぬ場所でも叢生《そうせい》してくるのは自然な流れであった。物資を調達したり、臨時商店を立ち上げるノウハウを持つテキヤと当局が連携したところもまた多くの地域で似通っている。繰り返し記した通り、闇市は尾津の専売特許ではない。

尾津が際立っているポイントは、確かにあった。

「安くていいものを」

他所はこの点、大体違っている。モノ不足は深刻で、なにを並べても売れるのだから法外な値で売り抜けるアコギな商売をする者が後を絶たず、まさにブラックマーケットとして推移していく所は多かった。新宿もまたしかり、尾津のマーケット周囲にも大闇屋はいくつもあった。業者が尾津事務所にサンプル品を持ち込んだ場合、卸値や品質で折り合いがつかないと、業者たちは席を立ち、こうした闇屋に平気で卸していった。

客もまた一癖二癖、三癖あった。尾津が安い商品がなんとか広く行き渡るようにと、一人につき一点だけ購入可とした商品を並べると、家族にも買わせて数を揃え、闇値で転売する者もあらわれた。闇市で買って別の闇市で売っても十分に利益は出たわけだ。乱世に生きるものの原理といっていい。自分の行為が蟷螂《とうろう》の斧であることを尾津自身知らないわけでもない。

むしろ全てわかっていながらも、尾津の新宿マーケットは、ムダ使いと知りつつ閉店しても電灯さえ消さなかった。終夜あかあかと点けておくのは、真っ暗な焼け跡を照らし、人を勇気付けるため……と、こう書くそばから、電灯のひとつかふたつがふっと消灯していく。盗難だった。毎夜毎夜、盗んでいく者が続く。尾津は黙って補充しつづけた。「良心の闘い」といいつつ我慢比べをするのだった。結局盗人のほうで折れて、以後、盗る者は消えた。

都民の要求に応えるため、同時に商人としてしっかり儲けるため、雨が降ろうと寒かろうと尾津はマーケットを開け続けた。ある日などは、新宿に大雨が降り、店員一同くちびるを紫にするほど濡れて凍えてしまった。尾津は近々伊東温泉につれていくぞと店員たちを鼓舞しながら、よし、宴会でもやって景気づけるか――。近所の焼けビルの「二階」で、大きな焚火をすると士気は大いに燃え上がった。

焚火といえば、この時期よりやや後のことと思われるが、こんなこともあった。

限られた本数しか走らない汽車になんとかのろうと、寒空の下、新宿駅前には切符を求める行列が毎夜出る。尾津は駅長に、中へ入れてやってはどうかと提案してみた。駅長は首を横にふる。「あんなやつらを入れたら、置き引きが起きます」。では、と尾津は自分の事務所から藁を大量に持ってきて、駅前で焚火をやった。寒いからあたりなさい、と。

数日して、朝のマーケット見回りをしていると、あれ、焚火がまだ続いているではないか。不審に思って近づくと、どこからか木材を運んできて、くべているやつもいる。瞬間、尾津は気付いた。木切れを抱えたひょろひょろの男へ駆けよると、張り飛ばした。木材は、尾津マーケットの店舗をほぐして持ってきたものだった。

周囲の闇屋も、客も、診療所の患者も、どこにでもこうした者たちが溢れていた。混乱の世で、誰もが、まっとうに堕落していた。そうだったな、人とはこうしたものだ――尾津が大きな目を見開き、焼け跡を行き来する人々の正当な堕落にため息をついているとき、終生忘れられない物資が届く。手紙が添えてある。

謹啓。光りは新宿よりのご隆盛を承りまことに雀躍にたえません。私の伯父が去る三月五日（※注実際は十日）の下町空襲の節、新宿路傍にて関東尾津組の義援に感涙せし由を口癖のごとく聞かされ、爾来尊堂の任侠を敬慕いたしていたものであります。さればまことに寸志ではございますが、開店ご祝儀取引として、当地多治見焼茶碗、皿、小鉢物を積み合わせて二車両発送いたしましたから貴着ご査収願います。なお価格計算は貴店お売上の結果で結構ですから、隔意なくご利用を願います。

早々頓首　謹白[5]

手紙の奥にそびえていたのは、極めて膨大な物資だった。東京大空襲のあと尾津組が助けた罹災者の一人が、恩に報いようと送ってきた貨車二両の多治見焼。尾津は時価三十万円ほどと見積もった。代金は言い値でいいという。またあるときは、保革油入りドラム缶四十本、また別の人は新品の荷車十台を送ってきた。この人々は、名乗りもせずに物を置いていった。人から笑われ、また感謝されつつ東奔西走する陽徳を好む男を、こうした陰徳の人々が慰めた。

少し前、篠田病院で妻・久子が出産したことさえすっかり忘れていた尾津。彼女から大目玉をくらいながらも、不二子と命名する。溺愛する長女豊子に次いで二人目も女児であった。余談だが、妻・久子は、「とても気の強いあねさんでしたよ」と、筆者は、面識のあった人から聞いている。そうでなければ、この男の妻はつとまるはずがない。

ひとつ付け加えたい。

筆者は終戦時の東京に暮らす庶民の出来事について、一時期あれこれと調べていた。事件事故、政治的変革、激動のなかでいつも目につくのが、行き場をなくした人々。復員兵、引揚者、戦争未亡人、そして子どもたち。人が溢れかえるターミナル駅前で、戦争がもたらした取り返しのつかない喪失の代償を、なんのトガもないのに引き受けさせられたもっとも立場の弱い人々に、手をさしのべる者は少なかった。

「いや、そうでもないぞ」。やせ我慢しながら言ってくれるのが、尾津喜之助なのだった。後世、イヤなに、ヤクザ者が功名心で大騒ぎしただけよというように嗤《わら》う人の記述を筆者は見かけたが、その人たちがあのころ、尾津と同じように西へ東へ走れただろうか。

新宿闇市、東西の王を見比べる

さてここまで闇市だ、マーケットだ、と大した前置きなくすーっと書いてきてしまったが、新宿には尾津以外にどんな親分や勢力がいて、どんなマーケットを形作っていたのかをもう少し具体的に記してみよう。尾津が奔走していた舞台の解像度を上げれば、戦後間もない時期の新宿駅が目の前に立ち上がってくるはずだ。時期は、闇市が出そろったころがちょうどいいので、終戦時よりは、やや後になる。

玉音放送を人々が聞いてまだ二年ほどのこと、新宿駅周辺、淀橋警察署管内には露店千四百七十五軒を数え、親分が六人、直系の子分がざっと千二百名、傍系が約五千名いた。対して、警察署員は、たった三百名しかいなかった。[6] 有象無象の人々が蠢く繁華街の秩序を保つには、「組」のリーダーたちの人員動員力、統率力に頼らざるを得ない面は事実としてあった。

「組」は、東西に割拠していた。

当時の新宿マーケットの様子を伝える記事。〝殺人横丁〟の文字が見える。（「バクロ」第5号、昭和24年9月発行より）

東側に尾津喜之助組長の関東尾津組、盟友関係（兄弟分）の野原松次郎組長の野原組、同じく和田薫組長の和田組、関口愛治組長の極東組があった。極東組は池袋にも地歩を築こうとしていた。組長の関口は高山事件で尾津のために罪を負ってくれた人物。その恩義に報いるため、尾津は新宿での活動も手助けしたと言われる。ただし、組名を冠するマーケットの保有は確認できない。おそらくマーケット周辺の賭博場や街娼から収入を得ていたのだろう。対して西側には安田朝信組長の安田組があった。

東側最大規模を誇ったのが和田組マーケットで、率いた組長・和田薫の業界での名乗りは、飯島一家小倉分家和田薫。尾津も同じく飯島源三郎を創始とする飯島一家に連なる小倉米三郎を親としている。尾津が小倉の跡目を相続し、和田は分家を許されているので、尾津と和田は兄弟分であったにせよ、尾津のほうがだいぶ上位にいた。和田は無鉄砲な子分に斬られ、生涯足が不自由だったと伝わる。[7] 概して東側は尾津勢力圏なのであった。[8]

ちなみに闇市を統治した親分たちは、どのくらいの収入があったのだろうか。正確なことはわかりようもないが、同時代に、関与している人員数などから推計されたことはある。

尾津の舎弟分、野原松次郎親分が例に取られ、野原以下、マーケット支配人二人、事務員二、三人、幹部四、五名、組員三十二、三人で、親分の最高月収は二万円程度だろうとのこと。現在の価値にして、ざっと百数十万から二百万円前後くらいか。おもしろいのは、下山事件で不審死し、当時話題だった下山定則初代国鉄総裁の月収一万八千円と比較していること。テキヤの親分たちは栄華を極めたように捉えられがちだが、類推が事実に近いとしたら、大企業の役員程度の給料はあったということになる。これを暴利とみるか、さほどでもないとみるかは人によるだろう。[9]

西側最大規模のマーケットは、安田組が差配していた。組長安田朝信の名乗りは、東京早野会初代分家安田組。尾津が東の雄なら彼は西の雄といえた。尾津は自分こそ新宿の主と自任していたが、じつは安田のほうが親分としての売り出しは古い。昭和七年前後に親分となっている。

この安田、親分像としては尾津とかなり異なっているのがまた面白い。彼に光を当てることで、尾津喜之助という男も逆照射され、相対化して捉えやすくなると思うので、少し追ってみる。

まず自伝を読み比べる限り、二人の共通項として見えてくるのは、自己顕示欲と自分の才能への自信、自己正当化、教育を受けられなかったことの劣等感、のちに俳句・謡曲を習うなど教養への憧憬がある。

尾津はおのれを幡随院長兵衛[10]だとか、国定忠治[11]になぞらえ、講談や芝居にいつ描かれてもいいようにおのれの行動を操作するきらいがあり、豪放磊落、豪傑型大親分として周囲に見られようとする意志を強く持っていたことが観察できるが、安田は、ここがちょっと違う。

まず暮らしぶりは素朴であったよう。日蓮宗の熱心な信徒で、酒は飲まず博打もしない。残されている昭和二十年代の写真を見る限り、侠客というより、茶人のようでもある。羽織から細い首がのび、穏やかな目つき。骨柄繊細な老人である。同時代評でもやはり、背丈低く痩せ、豪傑型でないと記されているが、注目すべきは「子分を使うのがうまい」点が指摘されていること[12]。

安田組組長・安田朝信（安田朝信『都会の風雪』より）

安田は豪傑として抗争の果てに勢力を伸ばしたのではなく、商品を子分らに大量に販売させたことで力を得たのだった。日ごろ子分相手にも頭が低く、彼らに指示を出すときも、酒瓶を手土産にし、礼をもって依頼した。アイデアマンであったのは尾津との一致点で、毛染め剤とパンのふくらし粉のアイデア商品を開発し、露店で子分らに売らせた。これが爆発的にあたる。こうして資金と人を増やしていった。軍関係と取引を続けて資本力をつけたことで、各方面への力を得た尾津とこの点も通ずる。

人物の印象は大きく違いながら、力の獲得方法は、つまりほとんど同じということ。混乱期だけに、抗争時の武力がものをいったのだろうと思われがちだが、実際は商人としての力をつけたことで組織を大きくし、マーケットを差配できる椅子を得たのである。

安田は戦中から淀橋区露店組合の代表役員をつとめ、露店業務にかかる物資の一切の配給と保管をひきうけていた。当然のように闇での横流しを世間からは疑われたが、本人は完全否定。「一品も闇売りしなかったことに生涯の誇りを感じている」と言い切っている。わずかに、栄養失調で乳の出なくなったお母さんや母子家庭などに、無償か、配給価格だけを受け取って分けたと語った。

ライバルと目された尾津を認めてもいる。終戦後の新宿は、「西に安田組、東に尾津組あり」の状況だったと素直に語り、警察力の低下していた亡国の首都にある新興繁華街で、一部外国人アウトローらの専横をふせぎ、治安が維持されたのは自分たち両雄がいたからだと信じていた。

争いを好まないタチでもあった。暴力事件を起こして監獄へいくことが出世に繋がる博徒の気風になかったとも、率直に吐露している。[13] やはり露店商、テキヤとして、「博徒ではない」という否定形のなかにおのれのアイデンティティを打ち立てていた点は見過ごさないほうがいい。

暴力は避けようとも、自分の政治力には自信を持っていた。終戦間際に、京王電鉄の終始点を新宿西口に持ってこれたのは自分の運動によるのだと胸を張っている。ロビイスト的行動にとどまらず、戦後になってからは、自由党系の新宿区議会議員を三期つとめている。

そして西口にマーケットを開くことができたのは尾津同様に、当局の後援があってこそだったと証言している点も見逃せない。自分から警察に話を持ち掛けたと語った尾津とは逆で、淀橋署の安方署長からの依頼だったのだと。戦争末期に輸送挺身隊として、新宿駅に集積される物資の輸送を、多数の人員を提供して安田が請け負っていたため白羽の矢が立ったようだ。人夫出しはテキヤの親分の得意分野である。[14]

マーケット建設地の土地借用にあたっては、都、国鉄、私鉄へ安方署長とともに諒解をとってまわったと、これも見逃せない証言を残している。やはりいくら混乱期とはいえ、勝手に闇市などを作れるはずがない。とは言っても、周到な契約書などは交わしていないだろう。

東西二人の親分の性向が違っていたとしても、組織の編成方法はぴたりと一致していた。権力の椅子には親分一人が座り、ピラミッド状に作られた組織は、役職が下がるほど末広がりに人員が増えていく。末端にまで至れば、出自経歴問わず、社会からドロップアウトした人々の受け皿機能を担っていた。だからこそ子分たちには有象無象も多々混じり、派手なケンカをして名を上げたいと息巻くならずものはどちらの組にもいた。

そうした背景のもと、終戦後まもないある時期に関東尾津組と安田組は衝突する。安田が尾津を認めていたにせよ、争いを好まない性格だと公言していたにせよ、関係がなかった。両雄は並び立たない。

原因は、子分同士のなにかのいざこざからだったらしい。尾津グループの一派といっていい和田組の事務所は三越裏にあった。そこで組員数人が酒を飲んでいると、窓から突如焼け火箸が投げ込まれた。瞬間、事務所内に抜刀した安田組の若い衆がなだれこみ、格闘の末、和田側では斬り殺された者もいる。安田の暴徒たちは余勢を駆ってグループ総帥といっていい尾津の事務所へも乱入した。幸いにも組長尾津喜之助は不在。あとで騒ぎを聞いた尾津は、ただちに報復へ動いた。

中野新橋、池袋、柿の木坂に拠点を設け、反撃部隊をトラックで送り込まんと準備を開始。このままいけば本格的な抗争に発展する。事ここに至ってようやく淀橋警察署から警官隊が出動、しかし腰が重い。両組による「出入り」直前、殺気立つ若者たちを遠巻きにして、焚火をしたり酒をのんだりして、監視するばかり。それでもにらみ合いから暴発に転じるのを抑える効果はあった。結局、数人の親分衆が間に入り、浅草の大物親分である芝山益久が衝突一歩手前で、事態を収拾したと言われている。[15]

このとき、尾津の送り込もうとした決死隊はわずか十名ほどしかおらず、舎弟分の野原組から兵隊を借りた、という同時代の証言がある。尾津の全盛時、輩下二千とか三千、と喧伝されたが相当の誇張が入っていたに違いなく、またいくつかの記録を読んだ限りでも、不測の事態あって談判へ向かう場合など、子分を引き連れず尾津単独の行動だったこともままあり、尾津組はそれほど大きな組ではなかったと考えられる。[16]

のち、地主たちから尾津が裁判を起こされた際には、東京地裁もこう言っている。「尾津喜之助及び尾津組の実態は、社会一般が評価していたほど大きなものではない[17]」

新宿駅東側マーケットすべてが尾津の直轄領だったのではなく、尾津を長兄とする盃で連環した擬制的血縁グループによる共同統治だった。それぞれ別の家名の独立した組が運営していた事実からもそれは明らかだ。

西の雄が作ったマーケットの思い出

この安田が作ったマーケット。じつはある意味、現在も引き続いている。「新宿思い出横丁」である。

今夜も横丁で店を開くモツ焼きの名店・宝来家の初代店主が残した手記[18]に、闇市時代、マーケット内でモツ焼きの店をはじめたころの安田組が活写されている。昭和二十二年頃、間口七尺、奥行九尺のバラック店舗の権利金一万円を、店主は二回にわけて安田朝信本人に払ったようである。

新宿のマーケットに出店する素人露店商たちは、こうした一コマ分の権利金に加え、じつにさまざまなカネをテキヤに払っている。たとえば終戦後間もなくの新宿のマーケットの一例はこんな具合。

まず露店商組合への入会金や組合費、それから所得税百円、事業税二十五円、遊興飲食税を一期ごとに二千円、そのほか地代五十円ときて、ゴミ銭十円、衛生費十円、諸経費二十円、と続く。これだけあれこれの名目でカネを徴収されながら、税金はほんとうに正しくお上に納められていたのか、諸経費? それはなんぞ、という疑義の声は当時からあがっていた。

そう、道路占有料や税金は、テキヤが自分の庭場にいる(組合に所属している)露店商たちの分を一括で納める仕組みなのだが、だいぶ抜かれているのでは、と。実際の徴収額より相当少ない額が行政側には納められていたものと思われる。

それでもひとまずプロ露店商に払うものを払って、自分の小さな城を得ていった素人商人たち。宝来家店主もまたそうだった。彼の眼に映った安田組を、前述の手記から少し、抜き書きしてみよう。

安田組の子分たちは、当時、マーケット内を、肩で風を切って歩いていた。着流しで雪駄をカラカラさせて歩く者がいたり、黒シャツに白背広の者もいた。言葉も恰好も凄みを利かせるのが多かった。私がやきとり屋を始めたのは昭和22年の初春で、それから三年間ぐらいは、手のつけようがないと思っていた。やきとり屋で一番困ったのは、タレをひっくり返されることだった。

新宿駅西口の闇市を発展させたバラック建築の商店街（昭和36年撮影）

組織の頂点である親分安田がいくら「聖人」ぶりを前面に出そうと、組織の在り方、あまたいる末端の子分たちまでがそうではなかった。ちなみに「やきとり」と書いているが、戦後、マーケットでは牛豚の内臓肉を焼いたものをやきとりと称して売っていた。モツ肉は統制品ではなかったからである。

安田組の朝信組長は、監獄に行ったり来たりしている間に、悪い子分に金を使われては逃げられるなどのことが重なり、財産を磨り減らした。そしてついに背に腹は代えられなくなり、西口一帯占領の基地としていた自分の土地も、それぞれの店に売り渡してしまった。

やはり無法者の子分がずいぶんいて、親分は全てを制御できていない。本書でもあとから詳しく書くが、昭和二十二年に警察による一斉摘発、いわゆる「親分狩り」「暴力団狩り」のキャンペーンが張られる。そこに飲み込まれるようにして、八月、土地問題にからむ恐喝で安田朝信は逮捕される。

新宿柏木の安田邸付近に工場を建てた者が、「安田組のナワバリ内でなにをしているのだ」、と因縁をつけられ工場を取られてしまった、という。[19] 以後安田組は力を落とし、やがて不法占拠状態の土地から親分も組も去っていく。尾津も同時期に戦線離脱していくが、そこはあとで記していこう。宝来家の親父さんはそれでも、意外な言葉を残している。

故朝信組長の七回忌の法事に行って、ご冥福を祈った。私は、組長が建てたあの戦後初のバラック・第一宝来家で商売をしたから、今も食っていけるのだと思っている。初めのころは、子分たちにいんねんをつけられたり、いやがらせをされたことが何度かあった。しかし、無理難題を吹っかけられて明日から店が開かないということはなかった。その意味で、私は、朝信組長の恩義に感謝しているからだ。

直接接触する組員たちの気まぐれの狼藉に辟易しながらも、終戦直後に、たしかにテキヤの親分に助けられたとの思いを持つマーケット関係者は親父さんの他にも大勢いた。愛憎相半ばする思い。尾津組マーケットの人々にも同じ思いの人々がいたはずだ。闇市へいけば、ひとまずは物がある、食い物がある。そして、仕事があった。

読者には、ここを見落とさないでいただきたい。

現在の新宿思い出横丁（平成15年撮影）

闇市で働く人々の前歴は、復員兵や引揚者、戦争未亡人であることが多かったのだ。右の宝来家創業者・金子正巳氏は、元復員兵。中国大陸から復員し、行く当てもなく闇市で仕事を見つけたのだった。外地、と呼ばれた旧植民地に、終戦時点で滞在していた日本人は六百五十万人余りにのぼる。軍人軍属およそ三百五十万人、民間人約三百万人。実にこの国の一割近くに迫る人々が、海の外で生きていた。その多くは、資本を持たないふつうの庶民であった。

彼らが終戦して続々と復員、引き揚げしてきたとき、あらゆるものを手放すしかなかった。ときとして、自分の子でさえも。ほとんど着の身着のままで大きな駅に集まってきた寄る辺なき人々に、ひとまずはたつきを立てる道を拓いたのが、テキヤであり、闇市であった。

蛇足ながら、「新宿思い出横丁」の木造家は、戦後当時のままの箇所が現在も多数残されていると言われる。

第三章　殺人横丁、闇の女、マーケットの夜

新宿闇市プロムナードを行く

まだ尾津のもとへは戻らない。

さらに脇道へ入っていく。暗い夜道となるが、新宿、もっといって、戦後の盛り場の萌芽を知るためには大切な道でもあるので、昭和二十年代初頭、尾津絶頂期の東口界隈を読者も一緒に歩いてみていただきたい。

闇市が出そろい、爛熟期といっていい昭和二十二〜二十四年ごろの街へ——。

まず東口改札から新宿大通りへ出よう。中村屋が焼け落ちてしまった跡地から三越にかけては尾津による新宿マーケット。大通りに並ぶ露店も尾津の支配下にあった。すでに人混みができている。このあたりはおもに鍋釜など物販、そして生鮮品の店。飲み屋はない。

向かい、伊勢丹のほうを見やると米兵たちの姿。伊勢丹は終戦翌々月から三階以上を進駐軍の工兵隊に

接収され、また軍用航空地図の制作工場ともなっていた。[1] 体格のいい兵士と比ぶべくもない痩せた日本人の姿も見える。彼は、軍の食堂から出る「ギャベッジ」の払い下げをいまやおそしと待っているのだ。「ギャベッジ」とは、残飯である。袋ごともらいうけた男は、重そうに、けれど嬉しそうに、足早に南側へ去っていった。駅前、聚楽まで戻ると、尾津の舎弟分であった野原松次郎親分の野原組による入り組んだマーケットが、鉤《かぎ》の手状に広がっている。裏手にもバラック群がある。といっても、界隈を知る人たちは、なんとかマーケットとはあまり呼ばない。「聚楽横」、とぶっきらぼうに呼ぶのだった。

小さな店が並んでいるが、近づいてよくみると、ベニヤ板の足元に車輪がついている（！）屋台街なのである。ピーナツ、ビーズ、板マッチ、そしてスキンまでも売っている。[2]

今度は南へ目を移そう。こちらには戦前築の建物はなく、ずっと遠くまで空き地が続いている。戦中の強制疎開跡地だ。ここに「闇市プロムナード」とでもいうべきマーケット街が延々と連なっていく。武蔵野館と線路の間にかけて、和田薫親分が差配する新宿最大規模、和田組マーケットである。

近くのヒカリ座の前にはサーカス小屋がたち、新宿ムーランルージュでは赤ズロース姿で乳房をあらわにした踊り子たちがレビューを踊っている。[3] 荒涼とした灰色の一帯に、すでに歓楽と香水の匂いが色濃くただよいはじめているのを感じながら、さらに進んでいく。

この界隈、最初は粗末な売り台だったものが、やがてヨシズ張りとなり、そしていまや長屋を連ねた堂々たるマーケット街になっている。バラックが畝《うね》のように三列、甲州街道にまで延び、店子は終戦以後増える一方で、いまやその数四百軒に迫る。

とはいっても、各店は基礎を打った本建築ではなく、雨がふれば路地どころか店先も全て泥濘となってしまう仮小屋と変わらない。間口は一間か一間半ほどであまりにも小さく、あるじはおしなべて戦災者や引揚者、復員兵たちである。皆テキヤに権利金を払って、小さなスペースを買って商売していた。テキヤたちのあがりは相当のものになるはずだ。と、こう書くと暴利をむさぼっているようだが、そうともいえない。なんの仕事もない裸一貫の四百の店主に、たしかにテキヤは仕事をあっせんし、そこに紐づく家族たちも、このバラック街に落とされるカネで日々食いつないでいるのだから。

和田組マーケット。移転をしつつも駅前に長く残った（昭和29年5月撮影）

いよいよ巨大マーケットの路地に足を踏み入れよう。

うっ――。鼻をつくこの強烈な匂い。おや、入口には先ほど「ギャベッジ」をもらいうけた男がいるではないか。袋の中身を次々盛大に大鍋にぶちこみ、水と塩を加えて煮込んでいるよう。匂いのもとはこれだったか。この国が敗北したことをまざまざと思い知らされるこの一品は、勝者の軍隊の食べ残しで作った〝残飯シチュー〟なのだ。煮上がるや、列をなした人々はひったく

残飯シチューに群がる人々（昭和21年2月撮影）

るようにして買って、うつむいてすすりこんでいる。

チーズやコンビーフのかけらも多量に混じり、動物性の味、油分から長年離れていた人々は、あまりの旨さに舌の根がしびれるほどの快感を味わっている。ときどきなにか歯にひっかかる。吐き出すと、使い古しの避妊具、すいさしのタバコ。そこだけ路地に吐きだせば、みんなあとは構わずうまいうまいと一粒も残さず吸い込むようにむさぼり続けるのだった。これは不潔で、あさましい風景だろうか——。

つい先日まで、新聞までが虫を食え、犬も食わないどんぐり粉を食え、そして戦い抜くのだと、虚構のなかで生きることをけしかけていた不潔さを思えば、残飯シチューを旨そうにすすりこむ人々のなまの不潔は、清潔そのものではないだろうか。

それにしてもどこから湧いてきたのかというほど闇市には食い物が溢れている。ふかし芋、モツ焼き、串カツ、はまぐり焼きだのも並ぶ。魚介は船橋あたりから仕入れているらしい。統制品だろうとカネさえ払えばいくらでも食えるのだ。

草色のよくわからない饅頭かパンのようなもの。これはうどん粉を丸めて焼いたようだが、禁制の品とバレないよう、由来不明の草を混ぜ、着色しているようだ。ふてぶてしく、たくましい露店の近くには、石油缶に穴をあけたのに薪をくべて飯を炊いて、銀シャリを出しているところもある。三つの通りのうち、武蔵野館寄りの路地はシャリ屋（めし食い処）が多く、誰が呼んだか「天丼横丁」と言った。❖4
マーケット街は、在日外国人たちの存在感も大きい。華僑経営の寿司屋があったり、千数百の新宿露店のうち、六、七十軒ほどは朝鮮系の露店があったり。❖5 川崎の在日朝鮮人集落から買ってくるドブロクを飲ませる店もある。一升瓶には唐辛子がゆらゆらと浮いたり沈んだり。近代以前より朝鮮半島では主に女性が濁酒を家内生産しており、異国での苦しい暮らしのなか、就業できる職種が著しく限られてしまっていた朝鮮人たちにとって、密造酒を闇市で売ることは生命線なのだった。

粗悪なカストリ酒やバクダンと呼ばれる酒を飲ませる店もそこいらじゅうにある。どの店もせいぜい四、五人が座れるだけのカウンター席しかなく、垢で襟の光った兵隊服姿の客たちが肩をすり合わせて座り、むせかえるカストリの臭気に鼻をつまんで飲みくだしている。

カストリは芋や穀物を発酵させた醪《もろみ》を蒸留した一種の焼酎で、度数は四十度ほど。不純物が多く、三合も飲めば酔い潰れるといわれ、このころ粗製乱造されたエログロ雑誌も「カストリ雑誌」といった。「三合（三号）で潰れる（廃刊する）」というわけ。

この酒はそれでも、強烈な臭気さえガマンすれば〝安全〟だ。新宿の呑助たちもカストリを好み、ゆうゆうとコップをカラにしている。

屋台でカストリを飲む人々（昭和23年撮影）

対して、危険な「バクダン」を飲んでいる者もいる。これは燃料用アルコール（エチル）を水で割った、酒とも言えぬ酒。飲むと腹の奥で爆発が起きるようだからというが、それだけならまだましで、なかには中毒を起こすメチルアルコールを含むものも出回っていて、飲めば失明したり死亡することもあった。酔っ払いたちは命がけで酒をするのだった。

それもあってか、和田組マーケットはあってなきような名前、「一杯横丁」とか「バクダン横丁」なんて呼ばれ方もしていた。うらぶれた三味線を鳴らす新内流しがうろつき、「どこか頽廃の魅力がある」と同時代でも評される薄汚れた暗い飲み屋街であった。[6]

と、こんな様子を眺めていると、突如遠くから響く大声。

「手入れだぞー！」

バタンバタンバタン！

突如、ドミノ倒しのように音を立てて閉まっていく店の戸。統制品を扱う店々の戸は、板切れが上下に開閉する造りにしてあって、これを棒一本で支えているだけだから警察の取り締まりが入るや、瞬時にあるじたちは棒を弾き飛ばし、亀が首をひっこめるように店を閉じてしまう。警察の姿が見えなくなると、何事もなかったようにまた、開く。

警察は取り締まりをするにはしたが、淀橋署内三百人の力ではマーケットに巣くうゴロツキたちを取り締まるのも不可能で、どうしてもテキヤたちの示威力に頼らねばならない面があった。この時期のお巡りさんたちは、拳銃の常時携帯さえ認められていない。和田組マーケットには、「殺人横丁」と陰口をきかれる一角さえあった。[7] 実際、聚楽の裏で斬られた男があったり、闇市での喧嘩や事件は日常茶飯事なのだ。尾津のマーケットは駅前、比較的ひと目につきやすい大通り沿いである。うち一軒の電器店で働いていた男はこう回想した。

「本格的なヤミ市地帯の方は、気持ち悪くていかなかった」

「安全に歩けるのは表通りだけだった」[8]

市民救済をひとまずは外へ発信しつつ立ち上がり、公明正大をうたった尾津マーケットばかりがマーケットではない。新宿駅前一帯に暗く湿った闇の翼も広げていた。そうこうしているうち、日が暮れてきた。

バラック街はまた表情を変えていく――。

たそがれどき、武蔵野館脇の通りには、わらわらと人が集まってきた。見る間にあちこちの路上で男たちの背中が小さな囲みを作り、その中心点からときどき、ワッと声があがる。いずれも、小さな博打場なのだった。すべて足せば、客はざっと二、三百名はいるだろう。[9]

三越の裏あたりに出た小さな賭場は総数四十ほど。サイコロをふるようなのではない。リンゴに時計の針のように矢をつけクルクルとまわし、矢先が止まった場所で当たりを決める博打、ポマードの空き瓶をつかった博打、紙玉を使った博打などいろいろあった。[10]

趣向をこらしたところで行き着くところは同じだ。どの博打もサクラ役が大勝ちして、羨んだ素人が真似して、我もと大金を張るとみんな巻き上げられてしまう。このイカサマ、「伝助賭博《でんすけ》」といった。こうした賭博の胴元として在日外国人がいたと同時代資料にあるが、もうひとつの勢力としてやはり、「組」もいたはずだ。胴元として、あるいは利益の一部を寺銭《てらせん》として吸い上げる形で、新宿に六つあった組のうち、マーケットをもたない組の人々が収入源としていたと筆者は想像している。

「闇の女」と呼ばれた人々

日が落ちきり、完全な闇がやってきてもマーケットは眠らない。暗色のバラック街は灯りをともし、誘蛾灯に誘われる羽虫のように男たちが群がってくる。

平屋の続く北側から、南側にまで歩を進めると、建物の趣きが変化してきた。おでん屋やおにぎり屋だのの一杯飲み屋が連なるようでいて、人が立ちあがれないほど低い天井の屋根裏部屋風の二階がつけてあるバラックが目につく。ここでは、酒よりも、色を売っているのだった。このあいまい宿の設置は、和田薫親分じきじきの発案だったという。[11] 屋台街もある。

「お兄さん、ちょっと寄っていかない？」

小屋のかたわらに立つ女たちが通りの男たちに声をかけている。カーバイドランプをともし、また電線も引かれ、停電頻発の時代に裸電球を連ねて夜通し路地を照らしている。真夜中二時、三時まで女たちは

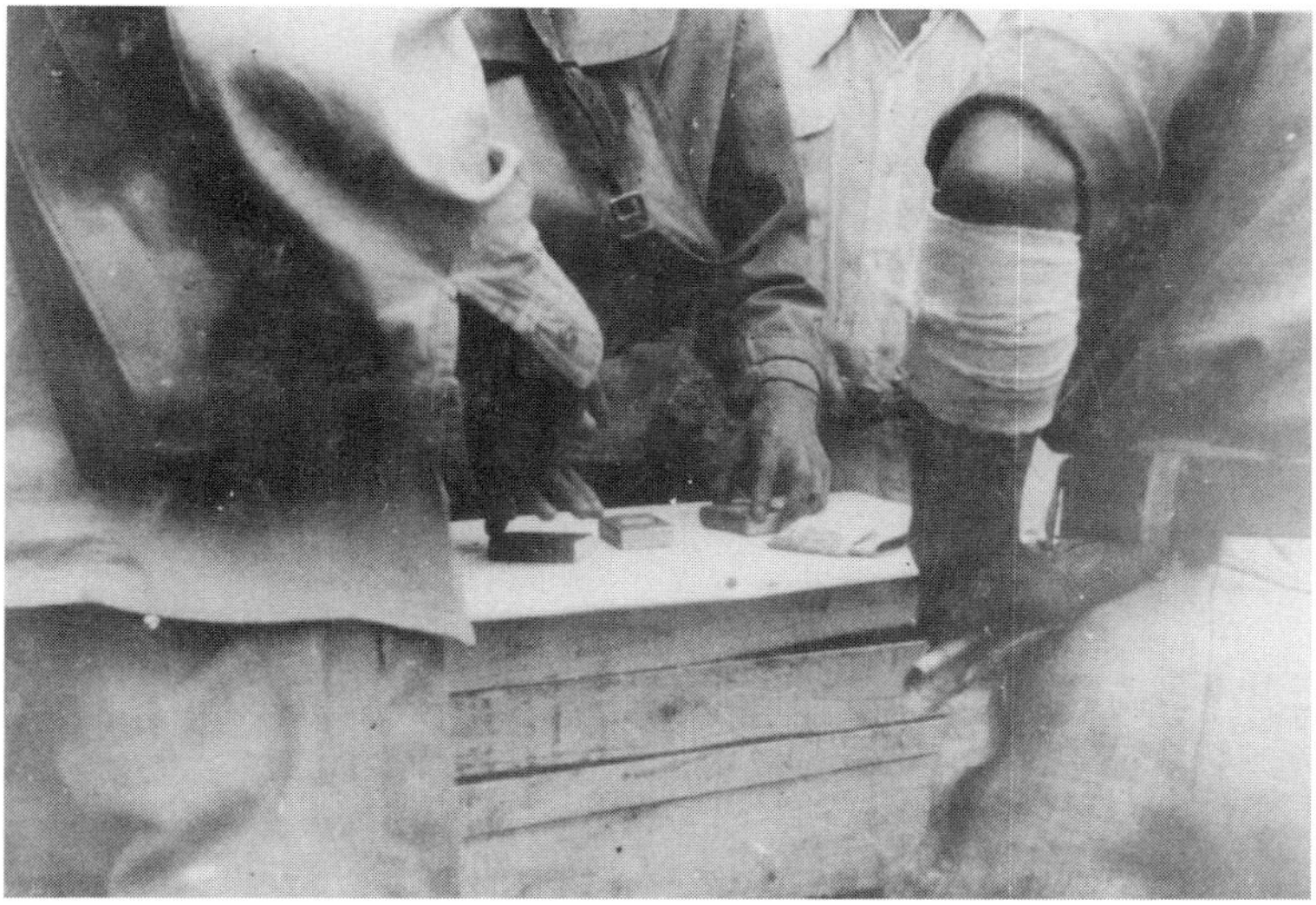

煙草を使った街頭の伝助賭博（昭和21年撮影）

男たちの袖を引き、ベニヤ板で仕切った小さな暗がりにいざなっていった。女たちには、戦争未亡人が多かった。こんな場所で未亡人を抱く奇妙さに男たちは言いしれぬ喜びを感じていたが、彼女たちの身の上は、こんなバカバカしい男たちがはじめた戦争が作り出したものに違いなかった。❖12

——やがて闇夜となった。

街角のあちこちに、今度は原色のワンピースの色彩が立ち現れる。聚楽の前から和田組マーケットにかけて、昭和二十二年の暮れごろから「パンパン」「パン助」と呼ばれる街娼たちも立ち始めていた。❖13その数、三十人とも、いや六十人とも。

さらには簡易宿泊所、いわゆるドヤの並んだ旭町（現・ウインズ新宿付近）にかけてもパンパンたちは姿を現し、松竹映画劇場前の路地にも二十人ほどが立っている。❖14

女たちは時間によって、ときどき入れ替わる。夜七時半ごろから一時間たつ者、九時から十時半ごろ

新宿の街娼（昭和28年撮影）

まで立つ者と二交代制の様子。すでに立つ場所の棲み分け、分業化がすすむほどに人数が増えていたのだろう。[15]二十四年ごろまではその数を増やし続けていった。[16]

旭町にはドヤに混じって、引揚者たちの厚生寮もある。うち三十軒もが、女たちの商売の場だった。[17]部屋は、ことごとく狭く、わびしい。四畳半どころか三畳の部屋で女たちは商売をするのだ。[18]大陸から身一つで帰国し、やっと得た小さな寝床を貸す者、我が身を売る者、ほかに売るもののない人々が身を寄せ合い、新宿闇市の片隅で生きていた。

女たちの背後には男たちがいる。いわゆる「ケツ持ち」と、ヒモだ。和田組、野原組、極東組の組員たちだった。[19]いくら尾津が庶民のためだと清廉さを主張しても、物を売るはずのテキヤも、賭場を開くはずの博徒も、マーケットのなかでは有無を言わせぬ権力者であり、その力を背景にして女たちから不労収入を吸い上げる「やくざ」そのものの顔を持つ者もいたのだった。
まさにブラック・マーケットというほかない。眉を顰《ひそ》める者がいようと回転を止めることはできない。
戦前からこの地に店を構える商店主たちの苦笑、嘆息、見栄の声が、残されている。

「新宿は歴史が新しいんだから仕方ないが、現在のままデンスケやチンピラや客引きガールが、新宿のてんやわんや名物になられたんじゃ困るヨ」（笑い声）
「不愉快なマーケットやアロハや、キザな露店商を一掃して、新宿を本当に落ち着いた家族連れやアベックの街にしなければならない[20]」

ふつうの人々に耐え忍ばせ蓄えられた膨大な本土決戦用物資、統制を無視して集められた各地の産物、家族も暮らしも奪われ群がり集まってきた人々自体をも混淆してやがて奔流を成し、その一切を鯨飲《げいいん》しながら闇市は肥え太り、食い物、日用品、酒、色、仕事、渇きにあえぐ人々の目の前にふたたび吐き出した。闇市の吐しゃ物にまみれれば、矛盾の一日、修羅の一日を過ごすことにはなっても、戦火で焼かれることだけはない平和の一日を、人々はやり過ごすことができた。
マーケットの先駆者を自任する尾津でもこれを制御することはかなわない。善悪の価値判断を寄せ付けない、リアリズムの巨大な運動体として回転し続けるのがブラック・マーケットであった。

最後に、とある片隅について記して、マーケット歩きをしめくくろう。

和田組マーケットの一角には、パンパンの女性たちを診る婦人科医院があった。そこは、「かきだし」専門だった。後年、院長本人もその実質があったことを認めている。[21] 欲望の需給関係とシステムは冷厳に存在し、小さな医院もまた、回転する歯車のひとつに過ぎなかった。

尾津マーケットは物販だけにあらず

マーケット歩きから、ふたたび尾津のもとへ戻ろう。時間を少々巻き戻し、昭和二十年の秋へ。ここから翌年にかけてが、尾津の生涯でもっとも忙しく、世に爪痕を残す時代へと入っていく。人からさまざまな頼まれごとを持ち込まれ、また自身でも問題にぶちあたっては突破していく時期だった。

秋田犬・出羽猛虎号を連れ、羽二重の羽織に「関東尾津組」と入った印半纏を着てマーケットを見回る尾津。顔は酒と日差しに焼けて黒く、鋭い目を絶えず動かし、大きな口は一文字に閉じられている。骨格大柄ながら刑務所内で痩せたことでむしろ精悍さを増しつつも、「えもんかけ」と、若い不良たちからひそかに呼ばれるほど肩を張り、胸を反り上げて歩きまわる。

だがもうこの鬼気迫る姿を闇市内にさらしてばかりはいられなかった。あちこちへと飛び回り、目まぐるしい日々を過ごすようになっていく。

昭和二十年十月十六日、尾津喜之助は、東京露店商同業組合理事長に選出された。在京テキヤのトップに君臨することとなったのだ。ただし「選出された」のかどうかはなんともいえない。「俺がやる」、が実質に近いかもしれない。

昭和初期に成立したテキヤの組合は戦中にほとんど休眠状態に陥っており、終戦直後、再編の機運が熟したとき、戦前以来の親分衆が下谷で会議を開いた。その折、自分こそがふさわしいと主張したのが尾津だったともいう。[22]既存の大親分たちは露店商組合が占領軍からどのように遇されるか読めず腰が引けるなか、新興親分の尾津が進み出たのだった。

日本の当局は、テキヤ組合結成を促し、公認もした。組合が警察管内ごとに支部を設け、その管内に庭場を持つ親分に各支部長を担当させるのを認め、徴税の委任、取り締まり権も認めた。

たとえば昭和二十一年初頭ごろ、新橋で露店を張ろうと思えば、組合に以下を払った。まず入会金十円、月会費三円を三か月分前納する。そのほか毎日ゴミ銭一円、道路占有料一円、電灯一円、直接税毎日甲二円、乙一円、丙五十銭、間接税飲食物販売者二円、雑貨一円、小物五十銭という税と会費になっていた。テキヤからもらう営業許可証である「鑑札」を受けている者は、他地域へ行って商売することも許された。[23]

十一月十七日、青果物及び鮮魚介の公定価格と配給統制が撤廃され、自由な値付けで売れることになり、尾津率いる新宿マーケットで取り扱う商品は全体的に四割ほど安くなった。店舗もヨシズ張りから板張りになって、ようやく安定。……とは問屋がおろさず、物がロクにないのに価格は自由なのだから、インフレが急激に進んでいった。終戦直後の八月から年末十二月までのわずか四か月の間に、東京の卸売物価は二倍に跳ね上がっていく。

その後、生鮮食料品はふたたび統制されることとなったり、配給制度は現実社会に対応できず迷走していくが、ひとまず尾津は「癇癪の虫を殺して」都へ日参し、市場荷受人の許可をいっとき得ると、ここから翌二十一年初夏ごろにかけて、直接仕入れを断行していった。

尾津は腰の軽い親分である。そしておのれがやろうと決めたことには、没頭する性質を持っている。この鮮魚仕入れの際も、念願の許可をもらうや、親分自らトラックの助手席に乗り込んで、漁港へ買い付け交渉へ出向くことさえあった。そして見落とさないほうがいいのが、闇市といえば、統制を無視するイリーガルな存在と捉えがちだが、当局に翻弄されながらも、今回のように許諾を得に行ってから動いていること。土地にせよ、商法にせよ、当局からのバックアップがあったからこそ闇市は成立できた。

こうして一日に四千貫（十五トン）もの魚介が新宿、浅草、池袋のマーケットに入荷されるようになり、[24]伊豆や早川のミカン、東北からわかめやきゃらぶき、にしんなども入ってくるようになった。

このころ魚を運んでいたと思われる男の証言が興味深いので引く。昭和後期に会社役員となった老人は、終戦後の一時期、尾津配下のトラック運転手だった。

（前略）運送屋での私の仕事は、伊東から尾津組本部のある新宿まで物資のトラック輸送である。戦後の経済混乱でヤミ物資が全盛を極めた時代に、尾津組の権力は東京はもとより伊東でも大したものだった。伊東からは魚介類、魚油、肥料など八百貫ぐらい運び、帰路は新宿から漁網、地下足袋、ゴム長、衣類、日常物資などを運んで帰った。当時の尾津組は物々交換のようなことを手広く行っていたのである。

（『藤倉康善＝人と事業　株式会社藤倉化学興業所55年史』）

石油燃料が街から消えていた時期のこと、トラックはオンボロの木炭車であった。熱海、小田原、保土ケ谷、新宿と停車して、四回も薪を補充しながら、伊東と尾津組マーケットを往復した。貨幣の価値が低いために、生鮮品と加工品、日用品をほとんど物々交換的に取り引きしながら、尾津はマーケットの品揃えを拡充していった。
新宿にかぎらず都内各地のマーケットが肥大していくにつれ、魚介の仕入れと同様に尾津を悩ませたのが、野菜類の仕入れ。インフレが進み、マーケットで野菜はずいぶんな闇値で売られるようになっていった。これでは「適正価格」をうたった尾津の信念に反する。正規の組合（統制組合）に露店商らを入れ、正規のルートでの商売とすることで問題を解消しようとした。やはり、尾津のコンプライアンス精神はここでも顔を出すのである。

魚や野菜が増えてきた時期、闇市で食べ物に群がる人々（昭和23年7月撮影）

　とはいうものの、露店商たちを組合に入れたいと言い出すと反対の声が湧き上がるだろう。既存組合員である八百屋の店主たちがいい顔をするはずがない。組合からの恩恵、野菜の割り当て量が脅かされるかもしれないからだ。尾津は、重い心のまま、八百屋業界のドン、全国青果小売商組合連合会会長大澤常太郎のもとへ出向いた。

　祈る思いで事情を話すと、大澤は、なんと二つ返事でＯＫ。しかも一言の繰り言をいうわけでもなく、露店商らの境遇をよく理解し、東京都へ折衝をしてくれたのだった。

……という流れの尾津の回想と、大澤が後日述べたところでは大きくニュアンスが違う。大澤によれば、まず八百屋組合の役員会に諮《はか》ったところ、案の定みんな難色を示してきたという。しかし「警視庁からの頼みもあってどうしても参加を認めないわけにはいかない」状況になり、内心は苦しいまま決断したのだった[25]。

それに無条件加入を認めたわけでもなかった。大澤は、尾津含め都内の親分たちを自宅に集め言った。

「組合の規則には絶対に従ってもらいたい」

尾津がすぐさま返答した。

「我々の神様である神農道に誓って守ろう」

こうして加入にこぎつけた。尾津はこのさわやかな対応が「二つ返事」として記憶に残ったのかもしれない。当時、統制組合は腐敗が進み、役人と組合幹部が癒着し、恣意的な割当てを行ったり、私腹を肥やす者もあり、そもそも尾津は彼らとの交渉に辟易していたが、大澤は目先の関係性より、マーケットなくしてはすでに都民の台所に物が並ばないことも理解してくれたのだと考えた。

以来、大澤を「人物」と見た尾津は、後年になっても、あまたの知人のうち尊敬しているのは二人のみ、その一人が大澤である、と言い切っている。尾津は一介の露店商、大澤も一青物露店から身を起こした点も、どこか通ずるものがあったのだろう。

いま統制組合の腐敗、と書いたが、ここで統制経済下、大澤らがいた団体以外にも多くの統制団体があったことを簡単に付け加えておきたい。

十五年戦争中、軍需物資をかき集めて戦争へ注入するために、国家は統制会や統制組合、統制会社を作って、直接的に物資をコントロールしようとした。ところが団体の権限が強いために、戦争末期から終戦直後に至ると、かなり腐敗が進んだ。官民一緒になって、私腹をこやす者が出たのである。尾津はそれを目の当たりにしていた。

尾津と大澤常太郎（東京都青果物商業協同組合、東京青果商信用組合編『組合運動50年、信組35年の歩み』より）

それでも物資を獲得するために、尾津は統制会や統制会社に接触した。こうした部門の担当として尾津組は組織内に、「経済部長」をおいていたともいう。組というより、尾津商事の役職だと思われるが。[26]

こんなエピソードが残っている。

終戦直後、まったく市場から消えていた物資に、生ゴムがあった。このゴム統制会が終戦して統制組合になったころ、理事長あてに、突如尾津から招待の声がかかった。

「一献差し上げたいので尾津組経営の料理屋までお越しいただきたい」

周囲は、なにを言われるかわからないからやめるよう忠告したが、理事長は内心恐れつつも、単身向かうことにした。戦中から、ゴム統制会は新宿三越内にあった。空襲と疎開でひと気の激減した時期、統制会がそこで仕事をしているのも目立ったし、新宿はこの尾津の庭である、と本人も組員も信じていた。理事長も来るべきときが来た、と感じていた。

結論から言えば、このときは尾津側から無理な要求もなにもなく、単にゴム統制組合に尾津がわたりをつけた、というだけに終わった。だが理事長が観察したそのときの尾津の様子がおもしろい。昭和二十一年の暮れごろと推定される場面。

――理事長は、組合事務所からほど近い、尾津の料理屋へむかった。伊勢丹裏の焼け跡に建てた平屋の仮小屋風の料理屋だった。なかへ通されると、大テーブルにさまざまな料理が並べてある。食い物のない状況下だったからその豪華さに驚いていると、広い座敷へとうながされる。床の間の前へと座ると、まず数人の子分が出てきて、「お控えなすって――」、仁義を切ってきた。名刺交換と意味は同じ。テキヤのサツアイ(挨拶)である。

しばらくして、尾津が入ってきた。背が高く立派な体格で、眼光はするどく、堂々とした姿だった。とりとめもない身の上話のあと、いかに尾津や尾津組が新宿のために尽くしたかを理事長に語りはじめた。東京大空襲被災者を行政がほとんど放置し、自分が救援したこと、焼け跡を整理したこと、京王電車のスト破りをしたこと(このことはあとで触れる)を一気にまくしたてる。自分は焼け跡に露店を出す世話をしたのだから場所代くらい取るのは当然、と言い放ち、

「他の者には指一本ふれさせせない」

つばを飛ばしながらそうも言い切る尾津。やはり、なにかを与えたのだから、なにかをもらうべき、と

いう思考法をしていたことはこうした証言からも明らかだ。百与えれば百を相手からもらい、そうすることでいつもゼロ状態が保たれるという価値観である。これが、「貸し借り」の計算方法で日々を暮らすテキヤの思想なのである。これははるか後年、平成になっても生きていて、筆者がテキヤたちと交流した際にも強烈に感じたことだった。

尾津は社会に対し無償でサービスをしたのだから、いつか社会からリターンがきて当然、と思いながらいつも社会と対峙している。

京王電車のスト破りも同じ法則で処理しようとする。通勤者に迷惑になるからストをやめろと労使双方に自分は言ったのだ、それでもやるのなら我ら尾津組で電車を運転できる者を立て、庶民に迷惑をかけぬようにする、そのかわり以後本路線はこの尾津が経営する……という意味のことを理事長へ語った。

この日から二十年弱たったのちの理事長の回想なので細部の記憶違いや、過剰な受け取り方をしていることを勘定にいれても、右の発言には尾津の思考法の一端が如実に表れている。誇大妄想ではなく、「貸し借り」理論をどこまでも適用しようと考えているのだ。

さて、さらに余談。この理事長は対面した尾津の居ずまいにも異様さを感じ、忘れることがなかった。熱っぽく理事長に説く尾津の横と後ろには護衛の子分がついてるのだが、すこし後ろには、二十五、六歳と見える美女が座っている。

尾津が入ってくるときも一緒だった。女は最初から最後まで宴席でも料理に手をつけず酒も飲まない。尾津はひとしきりしゃべり終えると、ふと、女を紹介した。自分の愛人なのだと。彼女は度胸があって、子分が喧嘩で背中を斬られたときも平然と介護し、彼女自身が斬られたときも（！）横にならずに手当てを受けたのだと褒めた。そして唖然とする理事長に最後に申し添えた。

「いつも私の左横のうしろに座っているのは、私と相対して話をしている客人の様子を注意深く見ているのです。そして相手が私に何か仕掛けそうだと思うと、彼女は機を外さず応援をするのです。彼女は袂《たもと》の中にピストルを握って控えているのです」

芳町の元芸妓小吉か、伊東で待合を経営していた千代という女性か、記録に残るどちらかの女性をさしているのか、あるいは別の人かはもうわからないが、この女性を含め、一家一同が、やはり常識人でない暮らしをしている人々であるのは理事長に強く印象付けられたはずだ。

これも示威力である。理事長が感じたこの示威力を宿らせた顔で、尾津は各種交渉ごとに入っていく。

奇妙な仕事、〝顔話〟

庶民の台所事情の酷さは、示威力を持つ尾津の前に、奇妙な仕事を運んできた。「池の水全部抜く」なるテレビ番組ではないが、皇居のお堀から鯉を根こそぎ獲りたい、というふざけているのか本気かわからない話が持ち込まれた。

食糧難の今、鯉を獲って販売し、その資金で明治神宮の経営を立て直すのだと。明治神宮は終戦後、国家の後ろ盾を失い、困窮しつつあるのです、と慈善を語る団体の者たちが尾津に説きにやってきた。尾津先生、ひとつお助けを、というわけだ。胡散臭いことこの上なし。

ここで一口、話に乗ってみるのが尾津喜之助だった。早速浦安の漁師を手配してやり、お堀に網を投げ込ませてみると、利根川を相手にするのとお堀では勝手が違って、うまくいかない。ならばと次は、西多摩の淡水漁協に協力を取り付けた。今度はうまくいきそうだったが、「ん？」と首をひねらざるを得ない説明を団体の者がはじめた。

やっと鯉が獲れだした矢先、売上分配表を示して色々説明してくるのだが、尾津が目を通すと、知らない個人名が書類に次々に書き加えられていた。これで、嫌気がさしてやめた。新憲法記念事業をうたっていたそうだから昭和二十一年の秋ごろのことだろう。

こんな話は、尾津のもとに相当持ち込まれていたに違いない。明治神宮でなく、靖国神社にかこつけた詐欺話を持ち込まれたこともある。尾津は途中まで本気にし、神社まで下見にいって話を進めそうになって詐欺とわかり、流れている。

靖国神社といえば、こんな話もあった。これもまた慈善事業を前面に押し出した企画で、寄付を集め神社で相撲興行を行おうというもの。主催は、戦災者の援護事業を行った同胞援護会。後援を関東尾津組がつとめ、これは実際に昭和二十一年六月に開催されている。[27]

もちろん純粋ボランティアではなく、尾津のフトコロにカネが入る算段で話に乗ったわけだが、興行的には失敗する。[28]尾津の総括によれば、靖国の持つ愛国的イメージが民主的再出発をした庶民にはなじまなかったことと、他の親分のように前売り券を自分がさばけなかったことを理由にあげている。尾津は、テキヤ仲間の分類でいえば、「コロビ」と呼ばれる露店部門の人だから、チケット販売のノウハウが今一つだったと吐露したのだ。

ちなみに、こうした神社での相撲に限らず、見世物小屋、サーカスなどもテキヤが差配することが多く、まったく稼業違いの博徒たちからみれば、全部まとめてテキヤだったたし、露店を営むテキヤたち自身も同族と見做しつつも、露店商らを「コロビ」と呼んだように、「興行師」と呼んで別の商売をする者たち、と見做していた。テキヤ目コロビ科、テキヤ目興行師科、というような意味である。

両方をやるテキヤもいたが、筆者が取材した限りでは、どちらかに比重を置いて商売することが多いように見受けられた。昔取材したある地方都市の親分は、戦後から昭和四十年代にかけて露店を差配していたものの、どちらかというと興行師の顔が強く、自分の庭場で相撲興行をたびたび行ったりしていた。昭和の大横綱と親分が仲良く並ぶ写真を見せてもらったことが思い出される。以上余談。

ともあれ都内闇市王国のリーダーとなり、無料診療所だの葬儀屋だの、庶民のために身銭を切っていることも報じられ始めた尾津は、いまや時の人となったのである。こうなれば、寄付金をくれ、一肌脱いでくれ、誰々と話をつけてくれ、といった尾津の顔をアテにしてこじれた問題の一挙解決を求める話が次々に持ち込まれてくるのだった。

「街の顔役」の〝顔話〟、最大級の話は翌年の夏、持ち込まれるが……そこはいったん措いて、まずは終戦翌年、混迷の昭和二十一年へ入っていく。

年が明けても、庶民の暮らしは一向によくならないどころか、食い物にも、カネにも、誰もが困り果てる日々が続いていた。

一月、板橋でこの時期を象徴する事件が発覚する。

二十二日朝、板橋区板橋町の旧第一陸軍造兵廠前に大量の物資が積み上げられているのが発見された。大豆、木炭、焼米、タイヤ、靴ゴム踵、皮革など、まぶしいほどの物資だった。囲むようにして人だかりができる。全ては旧軍の隠匿物資で、造兵廠工員の告発でみつかったのである。市民の代表者らが経緯の説明を求めて残務整理部長の小林元陸軍少将、庶務課長上野元陸軍大佐に詰め寄ると、彼らはもう区役所に引き渡しずみだ、としどろもどろに言うばかり。

ところが公的文書はなく、所有者不明なことがすぐに判明した。地域の町会代表たちが管理委員会を作って、ただちに物資を管理下におき、公定価格の半額で市民に分配することを決する。その矢先、警視庁はトラック二十台余りを差し回し、全物資をいきなり回収してしまったばかりか、住民代表らを恐喝嫌疑で留置。これに怒りを爆発させた百五十人ほどの群衆がプラカードを手に手に、警視庁へと迫り、総監とまで交渉したが、決裂。以後座り込み抗議にまで発展したのだった。

終戦前からすでに米の配給量は一人一日二合二勺にまで減っていた。これは一食あたりをみれば茶碗一杯に満たないわずかな米でしかなく、しかもこの量さえ確保できず、綜合配給といって、豆の滓や芋、そのツルまでを加えて正規の配給量とカウントされた。人を愚弄しているとしか思えない。我慢を重ねこうした日々を過ごしてきた人々の怒りの行動は当然のことであった。

しかしこれは氷山の一角だった。野放図の物資横流しは、元をただせば一年前、ポツダム宣言を受諾した昭和二十年八月十四日に出された指令に大きな原因があった。敗戦時の首相鈴木貫太郎は備蓄された軍需物資の放出を機密指令し、膨大な物資は米軍上陸前にどこかへ消えてしまったのである。その後、進駐軍が日本側へ引き渡した一千億円分とも言われた物資も消えた。❖[29]

消えた物資はどこへ流れるか——最後は闇市だったに違いない。

新宿の闇市（昭和21年11月撮影）

食糧の不足は深刻度を深めていった。

二月十七日、政府は食糧緊急措置令を公布し、割り当てられた供出量分を完納しない農家に対して、蓄えていた米を差し押さえたり強制買上げを強行したが、それでも充分な量を確保できなかった——集めて入れる米袋に大穴が開いているのだ。穴の先に待ち構えていたのはやはり、闇市。

一部豪農は摘発を逃れ、闇で米をさばいて巨利を得ていた。米価は高騰し、インフレは進んでいく。尾津が人助けを標榜し、君臨する闇市は、庶民のその日の台所を満たしてくれる対症療法的効能は確かに持っていた。しかし鳥瞰してみれば、庶民から集められた物資を再分配するときには、足かせ以外のなにものでもなかったという矛盾。

配給制度は崩壊寸前にまできしんでいく。

終戦直後に統制撤廃され自由販売となっていた生鮮食品が、三月にはふたたび統制されるなど混乱が続く。遅配や欠配も起きてきて矛盾は際立っていった。分配機構が崩れれば崩れるほど、闇市の価値は相対的に上がっていく。特に都市生活者はそこへ行かなければ、死が待っている。人々は、愛憎半ばの視線でマーケットを見やるのだった。

ここで、ひとつのエピソードを記しておきたい。

今では忘れられつつある、一人の男の死。昭和のころ、闇市が語られるとき引き合いにだされる裁判官の死があった。

京都帝国大学を卒業し、終戦翌年の昭和二十一年十月、東京区裁判所の経済犯専任裁判官となった山口良忠。主に闇米所持など食料管理法違反の事案を担当していた裁判官だった。ヤミを取り締まる自分が、ヤミを食ってはいけないと、任官以来山口が口にするのは配給の食糧だけだった。その食卓は悲惨というほかなく、小さな缶詰を妻と二人の子と分けて食べる有り様、それも自分は減らして子供に食べさせていた。栄養失調の症状が体にあらわれても療養を拒否し、翌年十月、彼は肺浸潤となって地裁の階段で倒れ、郷里佐賀で伏していたが、やがて亡くなった。三十三歳だった。生前山口はこう綴っていた。

「自分は平常ソクラテスが悪法だとは知りつつもその法律のために潔く刑に服した精神に敬服している」

法を守っていては生きられない時代に法に殉じた彼の意志は広く報じられ、ある者は襟を正し、ある者は愚直すぎると笑った。後者のほうが多かったのではないだろうか。体制の矛盾や欠点を見抜く知性を持ちながら、それでも上からの指示を受け容れ、命をかけて秩序を守ろうという型の日本人はかつて大勢いた。だから戦争をあれだけながく続けることができた。山口判事はその型の最後の生き残りの一人だったかもしれない。

彼の死が広く報じられたとき、闇市の飲み屋でも話題にのぼったに違いなく、カストリをすすりつつ、あれは愚かなことだと笑った酔っ払いは数知れないだろう。人の死を笑う彼らを、筆者は不謹慎とはこの場合にかぎり、思えない。制度の矛盾のなかで押しつぶされるのはもうこりごりだ、それより自分は生き抜いてやる、その下世話な高笑いの健康さ。

終戦後は、カネの価値もどんどん下がっていった。

東京の卸売物価は終戦のときから年末までの四か月で二倍、その半年後には五倍にまで急騰した。大きな要因のひとつに、やはり戦争の代償があった。臨時軍事費、略して「臨軍費」と呼ばれたこの国の特別会計をご存じだろうか。

戦争はいったん始めるといつ終わるかわからず、年度をまたいで長期化することもある。何年戦っても滞りなく戦費を調達するために、戦争開始から終結までを一会計年度とする特別会計が作られた。これが臨軍費である。決算は戦争終結後に行われる。日清日露戦争のときにも使われた制度ながら、先の十五年戦争ではその金額は常軌を逸し、日露戦争時の百倍にも達した。昭和十二年の日中戦争勃発から昭和二十年の戦争終結まで一度たりとて決算がなされなかったのだ。

この予算編成時、軍事機密であることをたてに、軍部は大蔵省、議会にもほとんどまともなチェックをさせず、形ばかりの審議だけでほぼ原案まるのまま通させ、日銀に国債を引き受けさせることで、上層部の人間たちは誰に邪魔されることもなく途方もない打ち出の小槌を得、ひたすら軍拡に狂奔した。今も昔も、権力を握る人々は、その力を使ってカネを作り出そうとする。元手がどこから出ているのかなど振り返ってみることなどない。

最後となった昭和二十年度の臨軍費は、八百五十億円。本土決戦に備えての軍需生産を急ぐために、多額の前渡金をここから準備していたが、年度半ばで敗戦。残りの二百六十六億円の資金は終戦の混乱に紛れ、軍需会社へ支払われてしまった。モノがないのに、カネだけが膨大に払いだされたわけである。ハイパーインフレが発生する。

各地の闇市の物価もあがる一方。庶民は、食うためにカネを手元におかねばならない。戦中、半強制的だった預金が引き出し自由になったこともあり、金融機関から大量にカネが引き出されていた。

とどめを刺すように、四十万人にのぼる進駐軍将兵のための住宅建築費用の捻出や、三百万人に及ぶ復員軍人の手当にも膨大なカネを払い、通貨量はみるみる増大していった。

こうしたなか、二月十六日、幣原《しではら》喜重郎内閣は突如として新円切り替えを発表。翌十七日、先の「食糧緊急措置令」発布と時を同じくして「金融緊急措置令」を発し、全金融機関の預貯金を封鎖して、流通している十円以上の旧円紙幣を三月二日限りで無効とし、二月二十五日から新円を発行することとした。日本銀行券の発行高を抑え、悪性インフレを抑え込もうというわけである。

庶民が爪に火をともしてタンスに貯めた旧円も切り替えねば無効になる。しかも自分の口座からは、日々食うための最低限の新円しか引き出せなくなる。見落としてならないのは、こうやって国民のカネを封じ込めておいてから国家は財産税を課したこと。預金だけでなく株式や不動産まで残らず課税し、累進課税だから、持てる資産の最大九割をも取られた人もいた。こうしてむしったカネでやったのは、国債の償還。

つまり、戦争という異常なプロジェクト遂行に狂奔した一部の人々が弄んだ打ち出の小槌の天文学的代金は、結局、ふつうの庶民が払わされたのだった。この一連の動きでは、情報もカネももたない人が泣きを見、持つ者は逃げ切り、なかには巨利を得る者さえ出た。

切り替え発表直前、尾津は情報を摑んでいた。

いくら尾津が俺は庶民の味方だという顔をしても、彼はすでに「持つ者」の階層のなかに食い込んでいたのである。

——まもなく現金は封鎖される。五円、一円は使えるが、十円以上は使えなくなるらしい——

権力側にいる者の誰かのルートから情報を聞き及んだ子分たちが、すでに五円札集めに東奔西走していることが尾津の耳に届いた。

「これでは情報とカネがある人だけが五円札集めをして得をするではないか」

そう思うや尾津はすぐさま渋沢敬三大蔵大臣へ面会を申し込む。新円切り替え発表前日のことだった。大臣は意外にもすんなり会ってくれた。右の趣旨を伝えると、渋沢栄一翁の孫である大臣は静かにうなずいた。翌日、発表された金融緊急措置では、しっかり、五円札も封鎖対象に含まれることに決まっていた。尾津の証言しかなく、親分の忠告が政府の政策変更に影響を与えたのかはわからない。

そして、こうまでした通貨の切り替えも、インフレ抑制には一時的な効果しか及ぼさなかった。

第四章

市街戦、商工会議所設立――激動の一年

「街の顔役」に訪れた、二つの大きな〝顔話〟

読者は覚えておられるだろうか。数十ページ前に、尾津には二つの顔があり、それがゆらいでいると記したことを。ひとつは、商人としての顔、もうひとつは俠客としての顔と。

尾津は、即戦力、中途採用組と言えるような立場でテキヤ業界に入門してきている。そのことで、二つの顔を折々でゆらゆら変え、場面によっては尾津流商法、また別の場面では尾津流渡世ともいえる顔を使い分けて行動している。昭和二十一年に入ると、混乱した時代のほうから、尾津にそれぞれの顔をみせてくれと、大きな話が持ちこまれてきた。まずは、商人、財界人としての尾津に持ち込まれた〝顔話〟。

ここで、この時期から二十年ほど後に書かれた財界史の一部を引用する。

政治団体やバク徒の縄バリならともかく、日本を代表する国際的経済団体・商工会議所が、親分・尾

津の力によって誕生したという事実は、やはり戦後財界の特異性を証明するに十分であろう。
(『戦後日本財界史』鈴木松夫　実業之日本社)

この国の代表的経済団体、東京商工会議所は、驚くべきことに、尾津喜之助が生みの親だった。そもそも戦中、商工会議所の前身ともいえる商工経済会は戦争遂行に協力していたが、終戦後、進駐軍により解散を指令され、昭和二十一年春に、財界人らがあらためて任意団体として商工会議所を設立しようと動いていた。定款も整い、さあ申請だと関係者らが都庁へ赴くと、奇妙な事態が同時並行して進んでいたことを知る。なんと、同工異曲のようにして社団法人民主東京会議所なる別組織が設立されようとしていた。

財界人らによる前者団体は、大日本麦酒(アサヒビールやサッポロビールの前身)社長を中心とした大企業や財閥系企業によるいわば保守派。対して後者団体、民主——のほうは、リーダーが街の電器商という革新派だった。戦後民主主義が声高に叫ばれたこのころ、零細業者らの心情は、後者に引き寄せられていた。なんと、誰に誘われたか、尾津は二つのグループがあることを知らないまま後者革新派に加入してしまっていた。

都としてはなんとか一本化してほしく、折衝をうながしていたものの、誰が間に入って調整しようとうまくいかない。保守派の理事には、尾津が尊敬していた青果物協同組合の大澤常太郎がいたから、その線からとも、ミツワ石鹸社長からの依頼とも言われたが、ともかく尾津に一本化調停の白羽の矢が立つ。保守派からみれば、革新派に尾津の名があるのは脅威になったこともあるだろう。❖1

それでもテキヤの親分に白羽の矢が立つこと自体がかなり奇妙に見える。これは財界から見て、テキヤが完全な「やくざ」者ではなく、自分たちと同族、商人とみなしていたことの証拠と言っていいだろう。戦災者が手っ取り早くはじめられる露店は、戦争終結直後のころ、根無し草が風に飛んで行くように店主はコロコロ変わるし、行き当たりばったりの素人商売と目されていたが、都内各所に大規模なマーケットが形作られるに及んでは、その状態をいち早く脱し、仕入れや組織の体系を整えボランタリーチェーン化しようという動きも生まれていた。

尾津は東京露店商同業組合の理事長である。都内全域に広がる露店業界は全体としてみればそれなりの経済規模にまで育ち、組織化も進めようとする商業者勢力のひとつと財界の人々はみなしはじめていたのだった。しかし同時に露店は、もっとも資力のない零細事業者の集まりでもある。大企業の社長より、市民感覚を持つリーダーとして、尾津には保革両陣営の話を聞けることが期待されたのだ。

尾津は、自分が革新派に加入していることはまず措いて、両者の観察をすることに決めた。それぞれのもとへ出向いてみると、これでは確かにまとまらん、と腕組みしてうなるしかなかった。尾津の眼に映った両者は――。

革新派は「旧会議所の遺産に眼をつけた一旗組の連中」。対して保守派は「カネはあっても戦後の虚脱状態から完全に脱けきれず、やることがスロモー（スローモーション）」。どっちもどっちとはいわないまでも片方のみに正義ありとは見なかった。依頼主、大澤方の肩だけ持とうとしなかった感覚は尾津らしい。

そんななか、革新派の総会が開かれる。壇上、幹部たちが保守派の批判をはじめた。そのうちだんだん熱を帯びてきて、ついには相手方への個人攻撃がはじまってしまった。尾津はその場に出席していなかったが、尾津組の子分数人が傍聴していた。尾津親分が調停を進めていることを幹部らは当然知っているのに、破談にしかねない悪しざまの言いぶり。子分の一人がついに堪忍袋の緒を切らして、壇上へ駆け上り、口撃者を殴りつけてしまった。

さらには、幹部を待合で接待してみると、飲み方があまりにも汚く、見苦しかった。このときは同席していた尾津は一喝。

「みっともねえ」

この体たらくに革新派リーダーの高品という男も分が悪いと思い至ったようで、結局、尾津へ白紙委任状を渡した。尾津はすぐさま保守派へも面会しこう述べた。

「こちらからも委任状をこの尾津へ任されたい」

これで万事落着。……と思いきや、日本工業倶楽部の一室に集まった財界の重鎮たちは誰も口をつぐんで返事をしない。ややあって、口ひげの老人がゆっくりと口を開いた。

「尾津さんの協力はありがたいが、こちらは定款もできあがり、白紙委任というわけにはいきますまい」

満鉄副総裁や商工大臣を歴任し、終戦時の幣原内閣では憲法改正担当の国務大臣をつとめた松本烝治だった。尾津は居ずまいをただし、返答する。

「松本先生。この尾津は本日、おろしたての組の法被を着て参上いたしました。私どもの世界では紋付き袴と同じ礼装です。正式の話し合いに来たのです。一方が白紙、一方が条件付きでは、あっせんできる道理があるでしょうか」

松本は押し黙るしかなかった。これで双方からの白紙委任が得られた。

……という起承転結備わった見事なストーリーで、尾津も冷静沈着にみえるが、かくも整然とは物事が進まなかったのではないかと思わせる、ぜんぜん別の状況を証言した者がいる。UP（ユナイテッド・プレス）記者を経てニューヨーク・ポストの在日特派員となっていたダレル・ベリガン。日本のやくざ社会の封建性を厳しく批判した記事をこのころさかんに書いていたアメリカ人だが、尾津のことを日本のマフィアのボスとして取り上げている。彼の目には、テキヤたちは皆、「与太者」と映る。

ベリガンによれば、はれて合流成った商工会議所設立記念の会で、一事件があったという。

幹部たちが集まって記事用の写真撮影をする場面。着任する新生・商工会議所の副会頭が、とくになにも意識せず、尾津をさしおいて先に座ってしまい、そのまま写真におさまろうとした。すると突如尾津は激怒、副会頭を投げ飛ばし、「商工会議所は俺がカネを出して作ったのにけしからん」と罵声を浴びせたという。そこには海外メディアも取材に訪れていた。

尾津は後年、おのれの癇癪玉爆発話を平気でいくつも披露しているが、この一件については少しも触れておらず、ベリガンがどんな取材をもとに書いたエピソードなのかもはやたしかめる術もない。それに、ベリガンの著作を筆者が目を通した限り、任侠組織への事実誤認や誇張があり、この話も誇張されている可能性は多いにある。事実かどうかも疑いが残る。

確実に言えるのは、合流する両陣営の幹部に「みっともねえ」と尾津が感じる人物自体はいたこと、そして、仲裁を頼んだ人々は尾津や尾津の組織が持つこうした暴力性、示威力による事態の打開をどこか期待していたことである。依頼人たちは尾津に、商人の顔で会議所の門を堂々とくぐってもらい、中に入ってしまえば、任侠者の顔をしてもらっての混乱突破を願ったのである。尾津はゆらぐ顔を要求通りに都合良く使い分けた。

さて取りまとまった最終的な尾津案は以下。

まず両派の不良分子には辞めてもらう。辞めた者には金銭を出して援助する。人事は会頭一名は保守派から。副会頭二名のうち一名を革新派から。というもの。要するにたすきがけ人事だ。両派に異論はなかった。こうして昭和二十一年七月、東京商工会議所が設立された。[2] 十二月二十日には丸ノ内精養軒で盛大な「手打ち式」が行われ、尾津も参与の席を与えられた。[3]

のち、薩長同盟を結ばせるのに奔走した坂本龍馬よろしく、尾津の功績は讃えられ、商工会議所から感謝状が贈られることになった。そのとき闇市の龍馬は、街にいなかった。監獄にいた（そこは後で詳述する）。伝達式が行われたのは、刑務所。

沸騰する二つの勢力

今から記す二つ目の〝顔話〟からは、血の匂いが立ちのぼっている。

任侠の徒として、テキヤの親分の顔を前面に押し出した話である。舞台は、新宿でなく、新橋。巨大闇市をめぐる衝突の狭間に、印半纏を羽織った尾津は立つことになる――。

終戦後まもなく、尾津マーケット以外にも、ターミナル駅を中心として都内各所に闇市が形作られていったのはこれまでに述べた通り。

多くは鉄道駅前の強制疎開跡地や焼け跡という空白に目を付け、人が集い、物資が集積した。新橋駅前にもまた青空市場が生まれ、うち西側の露店街は肉、魚、野菜類を煮炊きした匂いと人の脂の匂いが混淆した濃厚な空気が漂っていた。都内随一に食い物が揃う場所だと露店街は評判となって、みるみるうちに肥大し、やがて「組」が統制をとるようになっていく。

まずその一帯を統治した男について記さねばならない。

統治者は、金沢生まれの松田義一という男。

戦前に、芝に住んでいた叔父を頼って上京し、学生時代は銀座、新橋界隈を根城にしてうろつきまわり、カフェーでタカリを働いては新聞に名の出てしまうれっきとした不良。水練達者であったために、「カッパの松」の通り名を持っていた。終戦間際には陸軍嘱託として上海へ渡っていたとも、満州で大陸浪人をしていたともいい、終戦前後に内地へ戻り、人夫出しや運送業などをしていたが、由緒あるテキヤや博徒の家系に属さないまま関東松田組というグループを結成して、焼け跡の新橋で幅をきかせだしていた。警察的分類をするならば、愚連隊。青空市場でうろつく有象無象を力で抑えて配下に入れ、統治権を握ったと思われる。

これだけではチンピラ集団で終わってしまう。松田は権威付けを忘れなかった。

戦前、新橋・虎ノ門界隈を庭場にしていたテキヤ組織は先行して存在し、家名は松坂屋といった。「大地震のあと松坂あたりから東京へ出てきたと聞いている」と、筆者は現在の親分から直接聞いたから、古ければ安政の大地震後、遅くとも関東大震災後に焼け跡に露店を出して、この地に根を張った人々になる。

やはり、混乱期にこそテキヤは伸長するのだ。昭和戦前期の当代は鈴木孝四郎という親分で、松田は鈴木親分から盃をもらい、松坂屋五代目を襲名した。当然、鈴木側にはカスリ（それなりの上納金）が支払われる〝契約〟だったはず。

松坂屋五代目関東松田組組長松田義一。こうして由緒は整ったとはいえ、これだけでは行政側には通じない。彼が闇市を統治できたのは、同時にもう一つ手続きを踏んだからである。

先に記したように、都内各地のマーケットをコントロールするため、当局はテキヤに組合を作らせ、庭場ごとに支部を設け、親分を支部長とした。上層部を握っておくことで都内全域の闇市を間接統治したわけである。この愛宕支部長に松田は就いた。組合は、東京露店商同業組合。理事長は、尾津喜之助だ。松田は二つ目の手続きも完了させた。

松田に会ったことがある老人に筆者は話をきいたことがあるが、芋を売る露店の合間を縫って、子分を連れて視察する姿をこう表現していた。「着流し姿の色男」。

松田義一と妻・芳子（昭和20年撮影）

姿もよかったが、松田は頭が切れ、なにより進歩的思考を持つ男だった。旧態依然とした任侠組織のあり方を嫌い、松坂屋を襲名するまでは、親分子分の呼び名も避け、子分からの呼びかけは「松ちゃん」で通させた。続々配下に入ってくる露店商たちにも、公平な接し方を続けた。[4]

松田には大きな構想があった。混乱期の今は、親分子分の組織の力でもって制御しなければマーケットは運営できないが、世が落ち着いたら会社組織とし、子分は月給制の社員にして、各店は共同仕入れを行い、民主的な運営を行うマーケットに生まれ変わらせよう——。

新橋駅西口前二千数百坪の敷地に、建坪二千坪・約三百コマを配置した巨大木造長屋を新造しようと松田は目論む。強制疎開地に生まれた闇市跡に建てるわけだから、不法占拠になりそうに思えるが、数年間という使用期限を設けた上で、当局から許諾を得ていた。

その名は「新生マーケット」と言った。屋上にネオンの広告塔を掲げた巨大木造建築物は、夏までの完成に向け建設を進めていったが、トラブルの火種がくすぶる。闇市には日本人だけがいたのではなかった。新橋界隈には多数の台湾省民がおり、彼らから激しい反発の声があがっていた。マーケット内のコマ割りをみると、自分たちの割り当てが少ない、というのだった。小競り合いも頻発していた。いずれ大規模な衝突になるのでは、という気配が漂ってきた矢先の昭和二十一年六月十日夜、突如、松田が殺されてしまう。

不満をいだいていた元子分に射殺されたのだった。ちなみに筆者は、松田が五代目を襲名した松坂屋の、同じく五代目に会ったことがある。なにを言う？と言われそうだが、事実。松田殺害後、五代目は空位になり、本家の運営は先祖帰りして四代目がすすめ、戦後、昭和四十年代になって改めて跡目を継いだ人が

関東松田組マーケット（昭和21年2月撮影）

いたのだった。九十代の五代目親分は「いくらカッパの松に力があってもチンピラ愚連隊では、あのころ、マーケットをやるのを警察も許しはしなかったのよ」と筆者にこぼした。松田は五代目として記録されず消えた。焼け跡に咲いたあだ花であった。

その松田が死んで間もなく、ついに松田組と台湾側は、衝突する。

松田組組員がいざこざの末ひとり殺されてしまう。これを受け、七月十六日、台湾側の根拠地であった渋谷の事務所に、松田組組員ら十数名が抜刀隊と銃撃隊を編成して復讐の突入を果たす。このとき警察は積極的に介入しなかったとも言われる。一説には、統制品を公然と売って力をつけていく外国人勢力に対して、テキヤは牽制をかけられるために、両者ともに泳がせておかれた、と当時から言われた。[5]

殴りこみをかけられた台湾側も黙ってはいない。本格的な反撃の準備を進めていった。このままいけば全面戦争は避けられない。

ここで「まった」をかけたのが、東京露店商同業組合理事長、尾津喜之助。組合の松田組を助けるのは当然だった。付け加えておきたいのは、先の関東大震災での行動でもわかる通り、また本人の残した発言をみても、尾津から東アジアの人々への差別意識は一切感じられないこと。むしろ彼らに一目おいていたようにさえ見える。

尾津がまず向かったのは、八重洲の昭和国民学校にあった華僑総会（またはその下部組織の華僑連合会）。リーダーの一人、陳禮桂と尾津は懇意であった。終戦後の外国人について巷間よく言われるのが、前述した通り、警察力が低下していて外国人勢力の横暴に日本側が十分に対抗できず、テキヤが抑止力として機能した、という説。これはある程度正しくもあり、間違いでもある。混乱に乗じて暴れる勢力は日本人にもたくさんいた。たとえば泰華楼なる台湾華僑系の中華料理店に因縁をつけた新宿の愚連隊がいた。日本人のアウトローたちである。尾津は台湾側から依頼され、間に入って話をつけたことがあった。頼られれば外国人だからと無下にはしないのが尾津喜之助だった。このときの縁で、店のオーナーと知り合い、彼を通じて華僑グループに縁を持つに至っていたのだ。❖6 また事件の前後、いつのことかは不明ながら、終戦後まもなく池袋の関根組と尾津組が衝突しかねない事案が発生し、総会のリーダー周祥賡が仲裁の労をとったこともあったようで、尾津が台湾華僑と友好関係にあったのは間違いない。

「尾津さんよくきてくれた」

応接室で台湾側幹部は尾津を歓迎した。友好ムードのなか話し合いが行われ、一週間、双方ともに一切の直接行動を起こさず、その間に解決をはかろうということで決着した。尾津は八重洲を発つやその足で新橋の松田組事務所へ急いだ。組幹部一同を前にして開口一番、都内のテキヤの総帥として厳しく命ずる。

「一週間だけは決して若い者を動かすな」

「わかりました」

子分が殺されているのにもかかわらず素直にうなずいた女性は、亡き松田の妻、芳子。彼女や隣に立つ幹部たちは尾津を前に頭を垂れていたが、事務所につめていたほかの男たちは、拳銃や刀を身に帯びて、眼には殺気を宿らせていた。

うん、これはまずいな――。大きなアゴをさすりつつ爆発寸前の空気を感じていた尾津のもとに、最悪の情報が飛び込んでくる。

――台湾側は横浜・神戸の両港に応援部隊を集結させている――

尾津は大きな目を見開くと、ふたたび八重洲へとってかえし、話が違うと詰め寄ると、幹部ら一同の返事はまるでさきほどとはあべこべ。尾津理事長に恨みはないが、我々にも強硬論があるんだ、と態度を急変させとりつくしまもない。もはやこれまで。尾津は八重洲を出ると、一縷の望みをかけ、占領軍の一員である中国代表部へ駆け込んだ。代表部の面々は尾津必死の陳情に、なんとか穏便に済むよう働きかけると約束してくれた。ただし、こう付け加えるのだった。

「日本が中国を占領していたころ、上海、南京などで散々悪辣なことをやった。中国側が犯人を捕らえても日本領事館が引き渡しを要求して、渡すと裏口から逃してしまう。この方法を台湾人たちに教えたのは、日本人ですよ」

尾津は、一言も返すことができなかった。事態は、尾津の「顔」一つではもう収拾できそうにない。

新橋、焼け跡の市街戦

事ここに至ってはもはや、一戦あるのみ。

腹をくくった尾津。こうなればもう、やれる限りの喧嘩仕度を整えるしかない。まず、万が一松田組が攻撃を受けた場合には全力で防戦を行う旨、占領軍総司令部へ連絡を入れた。このとき尾津は警視庁へも話をつけた、という当時の証言もある。[7]やはり、コンプライアンス精神を首の皮一枚残すのが、尾津なのである。

同時に、大急ぎで隷下部隊に動員をかけた。急ぎ東京中の親分衆に檄を飛ばし、たちまち「侠児三千」が結集!……と尾津は後年書いたが、おそらくそこまでは集まっていないだろう。しかし最低でも数百人はいたのではないだろうか。喧嘩支度をととのえた大勢のテキヤたちは続々と尾津のもとへ駆けつけ、新橋・新生マーケットにて迎撃体制をとった。千名〜千三百人とする資料もあるので、このあたりの数が妥当かもしれない。[8]

昭和二十一年七月十九日、関東尾津組の印半纏を羽織り、新橋の組合事務所に詰めた尾津は口をきかず腕組みして、歓迎しない客たちがやって来るのか否かを考え続けていた。あまりにも静かである。

「今日、衝突が起こる」

テキヤも闇市の店主たちも皆、それを察していたので、戦災者ばかりの松田組のマーケットは固く戸締まりをし、営業を停止。あたりは静まり返っていた。組合の四階屋上に数百の兵を伏せ、また松田組本部の後ろにあった国民学校にも数百の兵。同士討ちを避けるため、黒の腕章を皆に巻かせた。新橋駅前、ここまでの騒動に発展しながらまだ、この時点では警察は介入しなかったようである。

やがて……　来たぞ!!

旗をたなびかせる数台のトラックが突然、マーケットへ向けて全速で突入してきた。バウンドする荷台にはみっしりと並ぶ人の頭がゆれている。喧嘩支度の台湾人たちが満載。その瞬間、

ズドドドドドドド！

激しい連続射撃音が新橋・虎ノ門上空の大気を切り裂いた。武装したテキヤたち、トラック荷台の台湾人たちが一斉に音の出処を眼で探す。視線はすぐにバラックマーケット車庫の屋根の上へと注がれた。そこには松田組組員数人が、巨大な旋回機銃を据え、射撃姿勢をとっていた。

なんと旧陸軍の重爆撃機搭載の機関砲らしかった。廃棄を免れた旧軍の武器は闇で出回っていたにせよ、これほどまでの重武装を準備したということは、松田組にとって存亡をかけた抗争だったことの証左といえる。

斬り合い撃ち合いになる直前、殺気の満ちた場で射撃音を聞いた尾津。短く、

「はじまったね」

一言言って、兵の配置でも見るのか、散歩に出るようにどこかへ出ていった。一帯を庭場とし、松田義一に跡目を継がせたばかりの松坂屋四代目・鈴木幸四郎も落ち着いて、

「炊き出しの火を消せよ」

と言って回った。浮足立って、火事を起こすのを心配したのである。騒乱時こそ冷静であるのは、この

松田芳子（昭和20年撮影）

業種でトップに推戴される者が等しく持つ美徳だった。

幸いなことに唐突な一連射のあと砲は沈黙。故障してしまっていた。もし正常に動作していたなら大量殺戮事件になるところだった。それでもトラック部隊を動揺させるには十分で、台湾側は退却していった。彼らと日本側はその夜、渋谷警察署付近でふたたび銃撃戦を起こし、警官や台湾人に死者が出ている（死傷者の人数は資料により差がある）。後から一連の騒乱を「新橋事件」「渋谷事件」と呼んだ。

翌二十日、松田組のマーケットは、進駐軍の東京憲兵隊司令部より閉鎖命令を受けてしまう。騒動後、GHQに出頭を命じられた尾津は、台湾側と比して、テキヤたちはどの程度武装していたか問われた。

「いやあ、竹槍木刀のたぐいだけです」

かわす尾津。そんなはずはないだろうと詰められると即座に返した。

「我々はあなた方が上陸しようとしていたときさえ、

竹槍で迎え撃とうとしていたんですよ」

結局、新橋のマーケットは二十三日までに取りこわされることとなった。市街戦まで引き起こしていては当然というほかない。これを機に、松田組も急速にしぼんでいった。

筆がそれるが、松田の妻・芳子のことを少々記しておきたい。

松田義一親分が射殺されたあと、大きな利権が埋蔵され、抗争の火種がくすぶる新生マーケットを誰が差配するのか、跡目争いが巻き起こった。結局、異例中の異例、妻である芳子が継いだ。テキヤの世界で女性がトップにつくことは歓迎されない。それほどに人材不足で、亡き松田の威光を使わねば収まらなかったということだが、芳子は自分の立ち位置を十分にわかっていた。

「所詮は、跡目相続までの『ロボット親分』」

後年、手記に記している。[9]芳子は松田との間に女の子を出産していて、松田はいずれ女子大に入れるんだと大喜びだったが、女児は亡くなり、松田も殺された。マーケットを取り巻く風雲が去ったところで芳子は業界から足を洗い、いずれかに流れ、若いうちに亡くなったと伝わる。彼女もまた、男たちがはじめた騒乱の被害者であった。

街の商工大臣から暗黒街のボスへ

「必要悪」のようにして半ば当局よりバックアップされ、ほしいままに伸長していった各地のマーケットは、関係者の勢力争い、白昼市街戦を演じるまでに至って、ついに暗雲がたれこめる。

昭和二十一年八月一日、ＧＨＱの意向を受けた内務省は「八・一禁止令」を発令（「八・一粛正」とも）。闇市は、全国各地一斉に取り締まりの強化がなされた。このころ、新橋や渋谷のマーケットは一時閉鎖にも追い込まれる。

物資統制にしても、やめて自由にする、いややっぱり元へ戻す、の混乱のなかで尾津は翻弄されながらも食らいつき、また利用もして、新宿マーケットを運営してきたものの、インフレの嵐のなかではもう潮時、と感じずにおれなかった。九月、尾津はマーケット運営を断念した。といってもマーケットをただちに閉鎖するという意味ではなく、運営を各事業者に任せていく、ということだろう。自発的に断念したように本人は後に記しているが、周囲の状況が尾津の君臨を許さなくなってきたのだった。まず、終戦以来、比較的好意的に報道していたマスコミの論調もかわってきた。尾津はこのころを述懐して、恨み節を残している。

「街の商工大臣とか書きたてた私を、急転直下ギャングにしてしまった」

新橋事件のあと、尾津はとある人から夕食の誘いを受けた。あのアメリカ人記者・ダレル・ベリガンだった。面識のある相手だったから尾津は妻の久子を連れ、でかけていった。

一室に通され、夫婦で座っていると、二階から人が次々に下りてくる。怪訝な顔をする間もなく、たちまち六人ほどの男たちとその妻たちに尾津夫妻の卓は囲まれてしまった。どうやら中国人？のようだ。これは！――策にはまったことに気付いたが時すでに遅し。男たちは台湾人新聞記者であった。新橋事件をめぐって、すでに尾津は日本側の悪の巨魁のように台湾系メディアでは報じられていて、この日の記者たちも食事会を装いつつ執拗に問い詰めてきた。

というより、尾津を怒らせようとしていた。なるほど、俺が暴れたところを逮捕しようとしているな？　尾津にはそう思えた。隣室にはＭＰらしき人影も感じる。[10] 尾津は沈黙作戦に出て、いかなる挑発的質問にも無言を貫いたが、内心は怒り心頭に発していた。尾津の視点では、ベリガンは自分を陥れる策士そのもの。

中国やインドをはじめ東南アジアも取材してまわり、東洋通とされていたこのアメリカ人記者が策士であったかは措いておいても、テキヤたちを社会悪と規定し、尾津らとは決して重なることのない視線を持っていのは間違いない。ベリガンはテキヤを、「与太者」と書く。

日本に根を下ろす家族制度と、「与太者」は組織構造としては同質とみなし、子分連中は「寄生虫」。与太者が出世するため（「兄貴分」になるため）の方法として歴然とした事実のように言い切っている「七つの修業」が、このアメリカ人の価値観を如実に表している。これは、東洋の野蛮や迷信のイメージを強調した西洋人の描くファンタジーである。

与太者は、暑さ、寒さ、飢え、痛み、投獄、気前の良さ、命の犠牲、この七つの修業を経てはじめて兄貴になるのだと。こうした筆致は、真実の一部を捉えていることはあっても、中立的分析とはいいがたい。ベリガンにとっての尾津は、「殺人犯、賭博犯、窃盗犯であるしがない新宿の露店商」。一方、一尾津は頭の良い男であり失敗した秀才である」とも。続いて、

このすぐれた頭脳を財閥の親分たちの間で活躍させずに、暗黒街の中で活用することをよぎなくさせあるいはこれを許したのは日本社会のつれなさなのである。しかも財閥の親分たちは結局経済的

にも道徳的にも尾津にまさるものではなく、頭脳にかけてはおそらく彼に劣るのである。

（ダーレル・ベリガン『やくざの世界』近代思想社）

「東京のカポネ」、口汚く暗黒街のボスと尾津喜之助をみなしながら、やはりその聡明さには一目置かざるを得なかった点は注目したい。

尾津の長女にして、尾津がもっとも溺愛した豊子は後年、この時期のベリガンの悪し様の報道によって、父はGHQから目を付けられたのだ、としている。

豊子の指摘がどれほど真実性を含んでいるかわからないが、焼け跡を見事に整理して、物のない人々を助けた「街の商工大臣」は、確かにこの時期より、人様の土地に蟠踞《ばんきょ》する「ギャングのボス」へ転落していった——。

焼け跡の救世主から不法占拠の悪人へ

昭和二十一年の初夏、庄司新三郎という男が、尾津のもとを訪ねてきた。彼は新宿マーケットがたつ土地所有者らの代理人だった。マーケットは、不法占拠の上に成り立っていた。

庄司は、尾津の眼には酒にだらしない男と映った。たびたび訪ねてきては、もちろん不法占拠問題の話をしはじめるわけだが、地主側代理人でありながら、尾津に理があります、間違っていません、と酔った顔でお追従の言葉を吐く。

庄司に言われなくても、尾津には自負があった。空襲下、命の危険をおかして新宿に踏みとどまり、国破れて荒廃した街を手弁当で整理し、復興に力を尽くしたのは俺だ。それなのに、強制疎開の指定地にかかって、立ち退き料をせしめて安全圏に退避していた地主どもが、昭和二十二年七月までに申請すれば疎開地の地上権が回復できる都条例が出るや、今更戻ってきて立ち退けとは。どうも虫が良すぎるんじゃねえのか。いずれ退くのは当然としても、すぐにではその地面の上で商売している戦災者たちが路頭に迷ってしまう――こう思うのだった。

尾津に限らず、マーケットを主催した他の親分衆も思いは同じ。尾津同様、子分よりも戦災者に優先して露店のショバを割っていた浅草・芝山組の芝山益久は、地主たちに対してこう言う。

「戦災当時、いち早く郊外に疎開してしまい、街の復興について一顧もしなかったのは確か。また自分たちの商店街でありながら一銭の金も出さず、いささかの労力も提供しなかったのは誰か、それらは地元商人の義務であるはずなのに彼らは動こうともしなかった[11]」

尾津をはじめテキヤの親分たちは、焼け跡にいち早く露店を張って商売をする自分たちの素早さや、「侠気」が世間に喜ばれることで、してやったりの気分が大いにあった。裏を返せば、平時立派な構えで大通りで商いをする大店《おおだな》への羨望、嫉妬、そして憎悪を抱えていた。感情的しこりだけではない。当然ながら一日でも長くそこで商売をすれば、自分のフトコロも潤うのである。

後日、おべんちゃらを言った庄司が、尾津が目を剝くほどのあべこべの発言を残す。六月十四日に柏木の別宅にいた尾津を訪ねた庄司。この日、尾津がこう発言したと。

「地主のやつらがぐずぐずいえば、二、三人、眠らしてしまう」

言い放つと庄司を追い返してしまったという。数日後、ふたたび談判に出向くと、

「お前は命にノシをつけてきたか」

こう凄んだ、とも。これはのちに、法廷の場で庄司が証言したことなのだった。


昭和二十一年八月、尾津喜之助は、新宿マーケットに土地を占拠された総坪数六百三十四坪、十一人の地主たちから脅迫の疑いで告訴される。地主たちは「十一屋睦店」と称して連携し、尾津へ立ち向かった。なんということだ、新宿高野の高野吉三は、俺の無料診療所のために焼けビルの使用まで認めてくれたのに——尾津は悔しかった。


八月十四日、都長官名で新宿マーケットの建築中止命令が出される。尾津は、命令伝達にやってきた淀橋区長元島寛にはこう言い放つ。

「こんなことを結束して強制するならわれわれはどこまでも戦う」

これも脅迫の訴因になっていった。[12]

翌九月には、不法占拠した角筈一の七から同十二に至る焼け跡六百三十四坪の返還を求めた民事訴訟も起こされる。さらに、二度にわたってマーケット建物へ仮処分も執行された。一度目の仮処分は九月七日。地主側の弁護士は、百崎保太郎。返還仮執行のために尾津事務所を訪れた百崎弁護士に対し、奥から出てきた尾津は手をあげて一声。

「総員招集」

その上こう凄んだ。

「無茶なことをいうなら君と命のやりとりをしよう」

一線を超えた発言に、すかさず百崎が言い返す。

「親分、あんたは五十足らずの、今、日の出の勢いの青年実業家じゃないか。私はお見掛けの通りの老いぼれの七十近くのやせ弁護士だ、この私とあなたが命のやり取りなんか、少し喧嘩の分が悪くないか」

「おだてるな」

そう答える尾津の態度は、百崎には落ち着かないように見え、「大した度胸の人ではない」と直感したのだった[13]。

尾津本人は一連の脅迫的発言を一切否定している。のちに「実録」をうたった尾津の評伝（？）が出て、そこでもこれらの発言は否定されている。理由は「大時代的」なセリフを尾津が言うはずはないから、と。これでは理由にならないので本書では採用していない。筆者としては、証言者たちがいう通りの表現を尾津はとらなかったかもしれないが、なにかしらの脅迫的言辞を吐いたとは推測している。

ちなみに、右の評伝は老境に入っていた尾津本人への繰り返しの取材を元にはしていると見受けられるものの、生身の尾津本人との距離が近く、あまりにも無欠の英雄として描かれているために、ほかのエピソードも含め、本書ではほとんど採用していない。


さて、地主と尾津の元へ戻ろう。

尾津を訴えた地主たちのうち、代表格は、やはり中村屋になるだろう。創業者の相馬愛蔵・黒光夫妻は、この時期の顛末を手記に残している。妻・黒光は、地主たちが尾津や尾津組に対して怖気づいていたことを嘆く。

（昭和二十一年）九月六日午後主人は淀橋警察署に行き、尾津組に対する退去要求の件につき、種々事情を聴取されたが、その中で警察側の話によれば、あの新宿目ぬきの場所の商店十三軒が、中村屋以外、尾津組に対し、一軒の抗議するものもなく、退去を申渡した店主は一人もなかったということである。われわれとしてこれほど意外に思うことはない。尾津は多数の子分を引連れ、新宿界隈に勢力を張っていることも大きい。そして命知らずの彼らがどんな暴力を振うか、その恐ろしさに面と向かって言い切るものがない。（中略）無法の前に退くことは、自分の損失だけの問題ではない。共存共栄の社会の一員として、これは社会全体への大きな責任問題でなくてはならぬ。

（『晩霜』相馬愛蔵・相馬黒光）

一代で事業を起こした女性であり、イギリスから追われ日本に亡命していたインド独立運動家ラス・ビハリ・ボースを命を賭してかくまうほどの知勇ある黒光は、尾津の示威に少しも屈しない。二十余年前、関東大震災直後の騒然たる新宿駅前で、いままさに迫害されようとしていた朝鮮人たちを守った黒光の毅然を尾津は目の当たりにしている。自分の示威力などで折れない理知と勇気を持つ女性であることは、尾津もわかっていたに違いない。夫・愛蔵も理性的な発言を残している。

私は裁判所でも云ったことであるが、むしろ尾津その人のためにあの態度を惜しんだ。あの生生しい戦禍のあとにたちまちに飛込んで、とにかく舗道沿いの瓦礫のとり片附けをして、マーケットを開いたのである。その着眼のはやさ、不安の中に推進する力強さには全く感心するのであるが、それが永遠の占拠となっては、長年営々として苦労を積み、第一級の商業街としての建設に力を協せて来たものの生存権を奪うのである。すでに時機に投じてマーケットの成果をおさめた上は、潔く引払ってこそ男ではないか。[14]

誠に堂々として整然たる意見というほかない。キリスト教的倫理観に裏打ちされ、廃娼、禁酒運動をし、文化人サロンを作るパトロンでもあった愛蔵の理知。それに、注意深くみれば、尾津によるマーケット設立の一連の動きについて、尾津の主張と愛蔵のそれは、意外なことに多くの点で一致している。要約すると、

焼け跡の瓦礫を片付けたのはいいことだった
マーケットを素早く作ったのもいいことだった
マーケットは永久的にそこでやるものではない

三点目、その撤退の時機について、双方の見解に差があった。言い方をかえれば、終戦直後においては、尾津マーケットは人に後ろ指さされるものではなかったと地主自身のこの証言から言い切っていい。しかし時が経っても、中村屋はおのれの地所を使えなかった。

戦前からのお得意客たちは大通りを埋める露店のために正面から入店することさえできなかった。南側

から回っても中村屋とは別地主の土地で、居酒屋をやっている人がある。愛蔵らは、その人に焼けた自社ビルの三階一部から五階を貸すことで、土地をかしてもらい、なんとかアクセスルートを確保した。[15]尾津の視線の先にある地主たちは、大昔から既得権益を持つ左うちわの人々。しかし中村屋側に回って周囲を見渡せば、見える景色は大きく変わる。

まず中村屋も既得権益者ではない。中村屋は明治期に新宿に進出し、創意工夫、営業努力によって地歩を固めた商人である。にもかかわらず自分たちが努力して獲得した土地を使えず、日の差さぬ裏店のようにして営業せざるをえなかったのである。戦災復興の象徴であるマーケットは、中村屋にとっては悔しさの象徴であった。

歴史とは、見つめる角度、立ち位置で登場人物たちの位相が変わる。

では、「地主と尾津」を、さらに立ち位置をズラして見つめ直してみよう。

二〇一〇年代になってから、建築史・都市史を専門とする研究者が、闇市の発生と、それらが排されていく過程を、旧土地台帳など土地の権利関係書類を用いてあきらかにした。この研究によれば、戦災復興事業での区画整理の際、こうした戦前以来の既存店は優遇され、換地でよそへ移ることもなく、減歩も少なく、泣くどころか土地の価値を増して利益を得た事実を指摘している。もっというと都市計画時には、これらの老舗ありきでプランが立てられた可能性さえ示唆している。[16]悔しさの象徴は陽炎《かげろう》のように現れたかと思えば、いまふっと消えてしまった。

急がずに、立つ位置をズラし続けてみる。

今度は「占拠」している営業者本人たち、露店の人々を見つめてみよう。

彼ら彼女らは、もっとも資力のない、戦災者、引揚者たち。この人々は行く当てもない。戦争によって一番の貧乏くじを引かされた人々が歴史に浮かび上がってくる。

その上でふたたび尾津の姿を捉えると――寄る辺ない露店商人らが立ち退いて、再出発できる場所を探している男の顔が見えてきた。伊勢丹となりの都電車庫跡地に目をつけた男は、車庫を大久保の一か所にまとめてしまい、空いた二千坪の跡地に温泉を掘って、商店をS字形に並べ、ここへ露店商たちを移転するという壮大なプランを思い描いているらしい。現在でいう複合商業施設のようなものだ。

男は、都の建設局長や都議らと料亭に集まっては折衝を重ねていった。このとき地主たちにも共同経営を持ちかけたがあっけなく拒否されてしまった。癇癪玉を常に抱える男は、この奇策が地主や周囲から評価されず、もっというと、都と癒着して不正利益をあげようとみられていることに不満を募らせていった。

さらにさらに、執拗に立ち位置をズラそう。

――コインがオモテを見せたり、ウラを見せたりしながら宙を舞っている。

オモテが見えるとき、そこには露店商救済が確かに刻印され、男の任侠心がきらきらと輝いている。しかしウラに返るとき、男のフトコロに入る儲け話もまたきっちりと刻みこまれているのが目に入る。マーケットの土地に所有権を持つわけでもない尾津が経営者となって都有地の払い下げをしてもらおうと運動していたのだから、利益を追っていないはずがない。

あまたの立場、思惑が綯《な》い合わさって歴史は編まれていく。

雑誌に登場する尾津の似顔絵。強面なだけではない尾津の明るいイメージを伝える（左から「日本週報」〔昭和21年9月29日号〕「漫画」〔昭和22年6月号〕「トップライト」〔昭和22年7月1日号〕）

こうして、尾津の生涯のうちもっとも濃密な一年が過ぎようとしていた。

年始早々、財界人の〝顔〟を強めて商工会議所を設立し、渡世人の〝顔〟を前面に出し市街戦の総大将となり、群がり襲ってくる寄付金の無心、怪しげな〝顔話〟を処理し、新宿マーケットの隆盛と矛盾の発生への対処をし、地主との対立が顕在化し、京王電車のスト破り……そして地主との係争。これは処理しきれなかった。来年まで持ち越しとなり頭痛の種は尾津の中に残った。そこに過労も加わったか、十二月半ばになって、軽い脳梗塞を起こし倒れてしまう。

一週間ほど床に臥したが、暮れになってまた寝床からゆっくりと立ち上がった。俺は寝てなどいられないのだ、ＮＨＫに向かわねばならないからな——。意外なことに、テキヤの親分がラジオ番組『年忘れ隠し芸大会』に出演するのだった。

このお気楽なイベントから、いくつかのことが見えてくる。一つは出演依頼が来るくらい尾津が国民の注目する時の人になっていたということ。そして、公共放送に出演させて問題になる反社会的人物とは認識されていなかった、ということ。

さらに注目したいのは「隠し芸」自体。なんと尾津は、「仁義の切り方」を披露した。

手前、生国は東京の本所でござんす。手前、縁もちまして親分と発しまするは飯島一家小倉二代目でござんす。姓名の儀声高に発しまするは失礼さんにござんす。姓は尾津、名は喜之助と申す……

とでも言ったのかその道に暗い筆者にはわからないが、頼まれれば過剰にサービスしてしまう、目立ちたがり屋でもあるという尾津の陽気さをまず読み取ることができる（筆者はこの明るさに惹かれる）。もうひとつ照らし出されるのは、テキヤや博徒などのしきたりが、戦後まもないこの時期でさえすでに大時代的なものとなっていて、庶民にとっては懐古趣味を刺激される、覗いてみたい世界に違いない、と尾津が正確に理解していたこと。

自分たちが社会の異端であり、滑稽、恐怖、好奇の目で見つめられていることを尾津は熟知していたと言い換えることもできる。周縁の商人・テキヤの王、尾津喜之助はそれを利用し、またみずからのアイデンティティの拠り所としていた。[17]

第五章

新宿の鬼と上野の虎

アイデアマン親分の出馬

昭和二十二年が明けても、東京の混乱は収まらない。

いまだ交通事情は最悪で、省線電車も都電も殺人的満員状態。これを解決する手はなにかないか——。実は前年の頭、尾津は自転車の後ろに座席と車をつけて人を乗せる自転車タクシー、「輪《リン》タク」をやってはどうかと思いついていた。

思いついたらすぐに動き出す男だから、営業許可をとろうと行政機関各所を回り始めたが、たらいまわしになるばかりで、全然らちがあかない。困った末に青果業者のドン、盟友の大澤常太郎に相談すると、時の厚生大臣河合良成に面会できることになった。大臣に一通り現状と打開策を説明すると、一挙に許可が出た。尾津が奇策を次々に、身勝手にやる無法者のように後世捉えられがちだが、自分の資金力・人脈を背景にこうして権力側に接近し、強引にであっても合法化してコトを起こそうとしていたスタイルは見

尾津組の輪タク(「画報現代史」第3集より)

逃してはならない。

物のない時代にオリジナルで乗り物を作るわけだから、一般の起業者なら材料入手に苦労するところだが、そこはテキヤだけにお手のもの。旧軍のデッドストック品だろうか、ジュラルミンを大量に見つけてきて、自動車工場へ持ち込み、またたく間に二百台をこしらえた。当時のカネで一台二万円だったという。本人談によるから、いささか数字は誇張を感じるところがあるが、尾津に財力があったことはわかる。

曳き子は露店と同様に、戦災者、引揚者をつのった。交通機関復旧の一助を狙うだけでなく、やはり都内に溢れる弱い立場の人々を救おうとしたのだった。面白いのは、曳き子には職を斡旋するのと同時にもう一つ、ボランティア活動を課したこと。月に一回、東京の復興を助けよ、ということで、日比谷公園や皇居前広場などの清掃をさせたのだった。二百台もタクシーを用意したのは、新宿にとどまらず都内広く事業を展開しようとしたため。上野、池袋、日本橋にも支店を設けた。一区間（たとえば新宿・四谷間）の料金は十円。
そして、コピーライター的才能をまたも輝かせる尾津。タクシーの名は、

――オツな（尾津な）輪タク――

「光は新宿より」を掲げマーケットを開き、無料診療所や無料葬儀屋をはじめ、今度もまた摑みはOKのコピーを掲げつつ輪タクまで始めるに及び、テキヤとは思えぬそのアイデアマンぶりに、尾津にはブレーンとして、マスコミの帝王といわれたジャーナリスト、大宅壮一がいるのではという噂がたつほどであった。[1]

こうして二月二十日、尾津な輪タクは都内を走り出した。[2] 物事が前へ前へと走り出すときこそ、足をすくわれる。翌月、尾津の表情はまた暗く、重苦しくなる。

三月十九日、尾津は新宿マーケットの土地問題にからみ、東京区検に身柄非拘束のまま書類送局（送検）されてしまう。それでもこれで土地問題はカタがつくのでは、と踏んでいた。尾津側の弁護士には、政治団体をやっていたとき諫めてくれた米村嘉一郎がついた。あの赤化防止団の総師だった人物である。[3]

翌四月、尾津は突如として、あまりにも意外な、世間も驚く一手を指す。戦後二回目を数えた衆院総選挙に、なんと東京一区から出馬を表明した。同区には浅沼稲次郎、野坂参三ら、名の通った政治家がいた。読者にとっても唐突な印象を与えたと思うが、同時代の同業者をもう少しゆっくり見回してみると、必ずしも突飛な行動とはいえない。

実はテキヤが政治進出していくのは珍しくなく、東京でも区議や都議へと転身した親分は何人もいる。

たとえば蒲田駅前のマーケットを仕切った醍醐《だいご》安之助は、テキヤ組合の蒲田支部長をつとめ、蒲田駅前のマーケットの差配や人夫出しを行う親分だったが、尾津の国政出馬と時を同じくした昭和二十二年に都議会議員選挙に出馬、初当選している。のち十一期四十二年にわたり都議を務め、昭和三十九年には都議会副議長に就任、昭和東京五輪の実行委員もつとめ、昭和四十八年には第二十四代議長にまで栄達した。あの石原慎太郎をバックアップしたことでも知られる。

新宿の大親分として並び称された安田組の安田朝信も自由党系の新宿区議会議員を三期つとめている。尾津は安田の向こうを張り、「やつが区議なら俺は国会に打って出る」と考えたのだろうし、選挙戦を制す勝算も十分に持っていた。

露店組合のリーダーに就任して話題を集め、時の人になっていたからだ。すでに政治家に知己も多く、なにより相当のカネを持つとみられていた尾津は、出馬より少し前、保革両陣営から熱心な勧誘を受けてもいた。

自由党、民主党、社会党から続々とラブコールがかかり、まず自由党は大野伴睦《ばんぼく》らが寄付金と党公認をひきかえに口説きにきた。現在の感覚では信じがたいことだが、大野と尾津は兄弟分の盃をかわしてさえいた。三田の料亭へ呼ばれて出向くと、大野らのほかに石橋湛山《たんざん》も席についていた。尾津の表情が曇る。石橋に対しては苦い思い出があった。

終戦後、尾津の子分のひとりが大久保に傷痍軍人の授産所（身体障害者への就労支援施設）を建てた。そこへ石橋がやってきて演説をしたのだが、これが長かった。自由党の政治に不満があった尾津は、あおざめた顔の元兵士たち大勢の前で、現実感のない正論を述べ続ける石橋に腹が立ってきた。

悪い癖が出る。

「言ってることとやってることが違う」

政治家先生を相手に、公衆の面前で癇癪玉を爆発させてしまった。このときの苦い記憶は尾津のなかで「借り」となって残っていたし、ほかの有力者に熱心に懇願されたこともあり、無所属で立つつもりが、自由党からの出馬を決めてしまう。

……と本人はのちに語っているが、筆者は尾津の権力志向とリアリスト感覚が自由党入党の決め手ではと想像している。リベラルな感覚を持つ尾津だったが、なにか事を成すには力がなければならない。それには自由党しかないと判断したように思う。

自由党の大物たちを前に、それでも釘をさしておいた。

「カネは当選したらいくらでも出しましょう。その前には一文とて献金しません。カネで公認を買ったといわれたくないですから」

言われたくなくても散々に当時そう噂されたが、ついに入党は果たした。選挙戦がはじまるや、ほうぼうで街頭演説に回り、それは見事な演説だったと言われる。尾津を糾弾したニューヨーク・ポスト記者ベリガンでさえ、自分の耳でたびたび聞いた尾津の弁舌をこう評している。

〈その演説は世界各国の政治家の演説の中でも最もまじめなものであったと言わねばならない。〉

そしてやってきた投票日。尾津に到来した青天の霹靂。なんとどこにも自由党公認の文字がなく、無所属扱いになっているではないか。各方面から「自由党のはずが、話が違う」と苦情が殺到してもあとの祭り。そういえば選挙期間に自由党大物の応援演説は一切なく、吉田茂から激励電報が一本届いたのみだった。関係者を通じ訂正が完了したときにはすでに昼をまわっていた。結局、二千票差で尾津は落選した。カネを出さないテキヤの親分は、切って捨てられた。

選挙対策の事務長だった元上野警察署長石森茂は告訴するとまでいって泣いて怒り狂い、尾津の子分のひとりは、野原組（選挙協力をし、おそらくなんらかの見返りの約束があったか）の某に斬られる事態まで発生した。

尾津はこんなに熱い子分たちを持って「幸せだ」と半ば強がって言ったものだったが、後世の筆者の視点でいえば、投票した当時の庶民の眼力は誤っていたとまでは、どうも思えない。

ちなみに石森はのちに尾津商事重役ともなる。元淀橋署長や元上野署長をおのれの会社の幹部につけている尾津。天下り先を用意した親分と警察との馴れ合い、癒着は相当にあったと想像できる。

新宿の鬼、「上野の虎」を制す

選挙に破れた尾津喜之助。五十の坂を下るにはまだもう少しあるとはいえ、この時代であってはもう若くはない。顔にはどこか疲れが滲んでいた。身体と心を癒やすため、暫くの間、旅にも出てみようか――。

ちょうどいい話が持ち込まれてきていた。仙台に西海家一家というテキヤがあり、その跡目に、尾津の子分がつく話がまとまり、襲名披露には親分である尾津が後見人をつとめる手はずとなっていた。妻・久子は夫の仙台行きを知ると、自分も行くといいだした。それなら、ということで数え四歳の長女豊子と、三歳の不二子、女中、護衛の子分も加え、大人数での東北行となった。

襲名披露は無事に終わったものの、尾津の仙台入りが知れ渡ると、案の定、怪しい〝顔話〟を持ち込もうとする者、地元の名士、いろいろな人間が尾津の宿まで面会を求めてきた。すべてを断った尾津は、妻と子供たち含めた二十人と福島・飯坂温泉へ逃れた。ほんのいっとき、子供らと温泉につかる尾津。その数日間だけが、鬼熊の顔は、やさしく、やわらかくなった。

それでもまだ時代が尾津を離さない。

〝鬼の顔〟でないと収まらない話がまた、この男に持ち込まれようとしていた。

話は、上野から飛んできた。そこにも無数の露店が櫛比《しっぴ》していた。

露店はいうまでもなく、恒久的な建築ではない。朝、道路や広場にわらわらとむらがり集まってきて、店を張る。各店の場所はテキヤたちが場所の取り決め、「地割り」をする。一コマのスペースは、こんな単位がまず一般的だった。

六尺×三尺を「一枚」と呼ぶ。六尺とはすなわち一間の幅になる。闇市の一コマの極小のサイズ感を表すのに、よく〝間口一間〟などと記されるが、まさにこの一枚を言う。数十枚、数百枚……とびっしり連鎖していくことで猥雑な露店街の賑わいの様は作り出されていた。これを日本人露店商百枚とテキヤが地割りしたところに、三十枚を別に割ってもらいながら、いつのまにか自分たちの持ち分以外のスペースにまで食い込んでいくグループがあった。

華僑とか台湾省民とか朝鮮人とか呼ばれた、東アジアの旧植民地出身の在日外国人グループである。戦争当事国の人ではない第三の国の人、ということで彼らを第三国人と言ったりもした。そもそも終戦の年の十一月、ＧＨＱは朝鮮人や台湾省民をできるだけ「解放国民」として処遇するよう指令した。

これを根拠にして、また戦中まで圧迫されていた境遇への反発から、一部の急進的グループは、自分たちが日本の国法からの超越的存在だと自任し、闇市で禁制品を堂々と販売した。表立っては禁制品を扱えない日本側露店商の売上は圧倒され、右のように販売スペースを巡って日本側と衝突したりもしていた。

尾津の新宿マーケット以外にも、主だった駅周辺にはたいがいマーケットが作られていて、かなりの場所でこうした外国人たちがいたが、見誤ってはいけない。多くは「共生」していたのだった。そう、後世、過激な衝突ばかりがクローズアップされるが、抗争どころか、まったく日本人戦災者とかわらない弱い立場か、むしろさらに弱い立場のまま、日々どう糊口をしのぐか悩み苦しむ人々が大勢いた。マーケットには来る者拒まずの尾津がこう言っている。新宿マーケットの外国人たちは、

「こちらにも迷惑をかけず、こちらも面倒をみた」[4]

問題はやはり、一部の強硬派や無法者なのである。尾津ら露店組合の幹部たちは華僑連合会や朝鮮人連盟などを訪れ自粛をうながしたが、過激な人々の問題は解決しきれない。なかでも上野の闇市では日本側との対立が顕在化していた。

上野駅から御徒町駅にかけての高架橋はゆるやかにカーブし、両駅前にあったどちらの交番からも見通せない強制疎開跡地のくぼみがあって、終戦直後、そこへ隠れるように闇屋が姿を現したのが始まりとも言われるが、瞬く間に隠せおおせぬ規模へと肥大した。上野を逆さ読みして、「ノガミの闇市」と俗称さ

れた巨大ブラックマーケットの特徴は、強力なテキヤの支配下にはなかったこと。

この地には突出した組がなく、いくつかが並立していたのに対して、強固な団結をみせる人々がいた。引揚者たちだった。満鉄、華北交通、朝鮮鉄道など旧植民地の鉄道関係者が旧国鉄（厳密には当時は鉄道総局）に働きかけ、優先的にガード下を借り受け、店を出したのだ。そこを退いたらゆくあてのない引揚者たちの必死の運動によってテキヤは勢力を展開することができなかった。これがのちにアメ横へと発展していく。とはいえ全体としてみれば依然としてノガミの闇市は混沌のさなかにあり、地廻りのやくざ者が露店をゆすったりいやがらせし放題のまま跳梁跋扈、そして他勢力を呑むほどの勢力を持っていたのが、朝鮮人たちだった。

昭和二十一年、軍需工場や自動車工場を経営していた近藤広吉なる実業家が、上野警察署長や下谷区（後の台東区）長に請われて、混沌を脱した秩序あるマーケット街建設を目論んだが、朝鮮人グループとの対立は深まっていった。

グループのリーダーは、李五達という男。上野朝鮮人露店組合会長をつとめていた。大正十二年、現在の韓国・慶尚南道《キョンサンナムド》の生まれでこのとき二十代半ばの青年でしかない。しかし体格は大きく、二丁拳銃を提げ、「上野の虎」と恐れられていた。嫁のなり手もなかなかいないと言われたくらいに喧嘩っ早い……のではなくほうぼうの争いを収めるため、奔走していた。実は、話のわかる人物である。

昭和二十二年夏、尾津は、上野・下谷神社へ出張って、この李と会見した。というより、上野の有力者を何人も集めたなかに李もいた。顔を並べたのは地元のテキヤ幹部数名、台湾華僑の代表、台東区長、上野警察署長、そして李五達。

上野の闇市（昭和21年7月撮影）

「ここはひとつ、私の顔に免じ、皆で仲良くやっていただきたい」

尾津はこう言ったかは伝わっていないが、東京露店商同業組合理事長尾津喜之助立ち合いのもと、いわば、「手打ち式」が行われたのだった。[5] 尾津は、抗争を未然に防ぎ、やがて上野は、平穏化していった。

その後、ノガミのヤミ市と言われた上野の露店街は、アメ横へと発展し、近藤は、一坪半の店二十五コマとバラック建て八十コマを並べた「近藤マーケット」を建築、これは後に「アメ横センタービル」に建て替えられ現在を迎えている。

李らは、東へと立ち退いた。

東上野に、坪四百円で五十三店舗分の土地を買って、店舗併用の下駄履き住宅を建て並べ、在日コリアンたちによる商店街、「上野親善マーケット」を作った。これも後裔《こうえい》が現存する。「東上野コリアンタウン」とか、「キムチ横丁」と通称される一角である。

日本側から見れば、恐ろしい集団に見えた在日コリアンたちの一群も近づいて見てみればやはり、食うや食わずの人々となにも変わるところなかった。リーダーである李さえも、駅前の喧騒から外れたさびしい土地に移って小さな家を買い、一階は一間と風呂、二階は二間きりの家で十人を超える家族と暮らし、「川の字になって」寝起きした。

立ち退いて三十年ほどのちの、李の声が残っている。

「私たちが、当時何か悪いことをやって、金もうけをしたように言う人が多い。しかし実際は、私たちが〝新選組〟の弾圧をうけていたわけですよ。戦争で日本に連れてこられた私たちは、生きるために何でもせねばならなかった」[6]

新選組とは在日コリアンたちが警察を言うときの隠語だ。

また脇道に少々それる。この李五達に筆者は惹かれるものがあり、一時、すこし調べていた。もちろん時代が合わず、生前の本人に会うことは叶わなかったが、息子さんに会うことはできた。数々の逸話を聞いたあと、息子さんは筆者に言い添えた。

「父は、色々な人に感謝され続けた人でした」

日本側からだけ見ると、やはり歴史は見えてこない。あちこち、おのれの立ち位置を変えてみながら、街を歩き、人の声に耳を傾け続けねばならない。

さらに付記して置きたいのは、もうひとり、この時期をよく知る人物が存命だったこと。李の片腕のようにして仕事をした高齢の人物が健在なのを突き止め、人を介して何度か会う交渉を重ねたものの、叶わなかった。李らが東上野へ移るについても、おもてになっていない事情もあったはずだが、

「墓場まで持っていく」

この返答であった。あらゆる歴史的事象はこうした本質を持つ。尾津のように喋りたがりで、数々の記録や発言を残し、名を残そうとした人ばかりではない。名を消そうとした人もいる。筆者は前者の生臭さも後者の慎み深さもどちらも人間のひとつの型として愛したい。

そしてここからわかるのは、入手しうるかぎりの公的記録、手記を参照し、丹念にフィールドワークをしたにせよ、いつも事象の完全な像は復元しえないこと。しかし人はすぐに黒白《こくびゃく》をつけて、早く、端的に納得したがる。表面に見えている点と点だけをつないで直線的な物語をつくりだしやすい。表裏一体の話で、見えない点をみようとしすぎれば、歴史はファンタジーへと変質し、こじらせると陰謀論へと接近する。

いま一つだけ言いきれるのは、戦後東京のまちづくりと以後の発展には、こうした〝顔話〟が多数、大きく関与していたことだけである。

上野の虎を懐柔した新宿の鬼だったが、露店商のリーダーとしての大仕事は、これが最後になった。昭和二十二年五月三日、尾津は東京露店商同業組合理事長を辞任。

おおやけに発表されたのは「民主化促進の見地から、理事長制を廃止、役員の合議制へ」[7]という理由になっているが、こんな綺麗な理由は理由になっていない。想像するに、尾津がさまざまな紛糾を調停するのにひとり出張り、広くその行動が世間に知られ、テキヤ業界内でも無視できない政治力を持つに至り、親分衆の支持を失っていったことがまずあるかもしれない。そしてこれまで蜜月と思われた当局との関係の変化もあげてもいいはずだ。東京を代表する各ターミナル駅の真ん前に親分たちが蟠踞している状況は、もはや進駐軍以下日本側当局も焼け跡統治上の必要悪とはみなせなくなってきた。

尾津が〝民主的〟に辞任したこの日、奇しくも国民主権の新憲法が施行された。

闇市に垂れ込める暗雲

六月に入ってすぐ、マーケット街には暗い雲がただよいはじめた。駅前にとぐろをまく闇市という大蛇を、お上は尻尾のあたりから徐々に、踏み潰しはじめた。占領軍の意向を受けてのことに違いない。

東京では露店を含む料理飲食店が禁止され、マーケットの食い物屋も飲み屋も一斉休業を余儀なくされてしまう。食料危機を救ってきた闇市は同時に、本来配給ルートにのるべき物資を鯨飲しながら肥えてきた矛盾の大蛇だった。この措置はそれを是正しようとするものだった。こうしてやっていけなくなった零細露店商はバラック街を去り、空き店舗と、隠れて酒を飲ますモグリの店ばかり増え、闇市は変調をきたしてきた。

やがて尻尾の次、蛇の頭を踏み潰す番が回ってきた。

ついに街の「顔役」狩りがはじまる。筆頭は、尾津。

地主たちを恫喝したと疑われた件は、警視庁、検察庁からたびたび呼び出しを受けたものの、書類送検で終わるだろうと本人はタカをくっていたところ、六月二十六日朝七時、突如尾津邸は警視庁捜査二課員および武装警官隊四十五名に取り囲まれてしまう。

「俺がベル一つ押せば俺もダメになるが、貴様もダメになるぞ」

邸内に踏み込んできた鼻息の荒い警官たちにそう一言凄んでみたものの、無駄。武装した男たちはむろ

尾津が逮捕された月の尾津組マーケット（昭和22年6月撮影）

ん囲みを解かず、尾津は構わずいつもの朝と同じように悠然と顔を洗い、お銚子をつけて朝食をとってからお縄についた。「強談威迫」の容疑で尾津喜之助、逮捕。衆院選の敗退を待っての逮捕だった。尾津には意外すぎる展開だった。これはベリガンの記事によって俺がギャング認定されてしまい、GHQの心象が悪くなって罪が重くなったに違いないな——そう捉えるのだった。

勾引直前、尾津は舎弟分である野原組組長・野原松次郎を呼び、後事を託した。案の定、尾津が警察に連れていかれた直後、尾津組の若い衆らはトラックを持ち出して親分奪還に向かわんと動き出したが、即座に野原が制した。❖8

新宿から尾津の姿が消えたのを号砲にして、「顔役」狩りは猛威を振るいだした。

七月には、新宿最大規模の闇市を統べた和田組が解散、同時期、新橋の松田組も解散に追い込まれていく。

直後の七月十八日、警視庁刑事部は芝の組合事務所へ出向き、十一名の親分を集め、組の存在そのものが「民主化」にはふさわしくないとして、組合の解散を勧告する。この時点で、常務理事は四百四十名おり、みな、親分であった。これらの者がたとえ選挙で選ばれようとも幹部登用は認めない、と警察は言い切った。[9] 硬化し、対決姿勢をはっきりと示した警察に、テキヤたちはただ戦々恐々とするほか手立てはなかった。

二十六日には、新宿の闇市を尾津と東西で分割しあった、西口の顔、安田組組長安田朝信も恐喝の疑いで逮捕される。

親分がマーケットを切り回す今の体制は、もはやこれまでだった。同日、芝・日赤講堂には都内の親分衆や幹部が三百余名参集、緊急理事会を開き、「自主的に」、同日限りで全部の組を解散すると決した。[10]

七月末の時点で検挙されたのは、関東尾津組以下五十一団体、構成員二百二十九名を数え、不良や地廻り、所属なしの者の検挙も二百七十二名にものぼった。街の不良も、聖人たらんと顔を作ってきた親分たちも、十把一絡げに排除されていった。

圧迫は続く。九月に発令された「露店営業取締規則」は、マーケット内の一店舗につき清掃費名目（ゴミ銭）の毎日三円、組費三円だけ認め、これ以外の徴収を禁じ、警察は、裏でたかる者などいれば情報提供者を守り、非現行犯であろうと逮捕していくと発表。また組同士の抗争も、これまでは一般市民に被害がない限り黙認する傾向があったが、決闘罪や騒擾《そうじょう》罪での現場検挙をしていく断固たる決意を表明した。[11]

東京に限らず、日本各地で取り締まりは強化され、十月には全国で総勢約八千人が検挙された。東京中の露店商たちにより組織され、名称を変えつつ闇市を仕切っていた東京露店商同業組合も解散した。

しかしこれで親分は消滅して闇市が消えたと思ってはいけない。組織の名前やオモテに出る人の顔を替えただけで、影響力はほとんど温存されたのである。尾津の舎弟分、野原松次郎による新宿駅前のマーケットは、このころから建設がはじまっているほどである。

ともかく「東京のカポネ」、暗黒街の王が街から排除され一件落着、と思うべきなのだろうか。ここに少しエピソードを置いておく。

土地問題で争った中村屋創業者の一人、相馬黒光は、尾津逮捕のころの思い出を書き残している。

> 夕方七時半ごろ盲人が三人、一人の少女に導かれて来る。（中略）尾津さんに大変世話になっており、尾津さんが警察に留置されていてはわれわれが一番困る。一方相馬父子も盲導犬をもって盲人をよく世話されたときくが、どうか恩人二人がけんかをせずに、仲直りをして下されぬものでしょうかというのであった。❖[12]

陳情に相馬家を訪れたのは、尾津の無料診療所の患者か、マーケット内で働く素人露店商のどちらかのようにも思うが今となってはわからない。ただ間違いなく、社会的弱者ではあった。社会保障制度がほとんどない終戦直後、こうした人々が尾津に救いあげられていたのは、地主側でも、よく知っていたのだ。

もうひとつ。

いままさに尾津裁判がはじまろうとしていたとき、綴じられた紙束を持って、よろめきながら、一歩一歩踏みしめるように、いや、それも叶わず、仲間に肩を借りて這うように、東京地裁へゆっくりと向かう人々がいた。

人々は誰もが、腕、足、目、どこかしら身体の部位を失うか、全身を衰弱させ、そして大きく傷付いた心も、白衣で包んでいた。

傷痍軍人たちだった。戦地から還ってきて日も浅く、傷は深い。少し前、彼らの一人が尾津組事務所へ出かけたとき、親分逮捕を知り、即座に行動を起こしたのだった。事務所へ訪問していたわけは、松葉杖や義足で行う元兵士たちの運動会に尾津組を招待するため。

白衣の元兵士たちは、尾津の刑が少しでも軽くなるよう、陳情書を作成した。これを作るとき、傷付いた患者たちは、尾津や、尾津組がいかに自分を助けてくれたかを語りあい、そうして一人ずつ署名、捺印していった。元兵士の証言。

この尾津組には白衣の軍人達は皆お世話になった。闇市での買物は格安にしてくれるのが常であった。伊勢丹のビルが硫黄島で苦労したアイケルパーカー旗下に占用されている頃である。そこの米兵達は吾々白衣の者に度々暴力を振うが尾津組の子分が直ぐかけつけ、助けてくれる許りか牛込の病院迄リンタクで送ってくれるのであった。❖13

アイケルバーガー（右の引用ではパーカーと表記）とは、日本占領を担った米陸軍第八軍の司令官のこと。腰に刀を吊った我が物顔の軍人たちにひれ伏さず、彼らが排除されたあと新たな主人となった異国の軍人たちにも卑屈にならず、単なる一個人が、おのれの組織を使って、もっとも追い詰められた人々を救済した例は、東京に当時どれほどあったろうか。

しかし陳情書は裁判前ということもあって、裁判所には受けとってもらえず、判事が個人として受けてくれるのみだった。

法廷の大親分

さて塀の中の住人となった尾津を追っていこう。

昭和二十二年七月三日、尾津は、暴力行為等違反ならびに強要罪で起訴され、[14]十五日には早くも初公判が開かれた。尾津はもう五十の坂に入っていたが気力は充実、裁判では徹底抗戦の構えを見せていた。

初公判の日、小菅の東京拘置所から引き出されると羽織袴に白足袋姿で出廷。すでに六人もの弁護団を組んでいた。傍聴席には妻久子の姿もある。容疑についてはもちろん一切の否認。初日から、尾津節全開であった。[15]

まず堂々こんな宣言をしている。

「殺人の罪で十年七カ月の刑をうけたが、獄中考えるところがあって善の魂にめざめ、仮出獄してから一日生きて一日善をなすことをモットーとしてきた。それ以来この尾津は一点非の打ち所のない人格者だと信じている」

続いて民主主義について問われ。

「葬式をするのも、嫁をもらってやることも、実の親でもしない世話をする親分子分の世界に、私は民主主義の精神があると思う」

この事件についてどう思うか。

「事態をスムースに運べなかったことは遺憾。私は以前に恐喝の前科もある。検事さんや裁判長さんのご判断は別にあると思うが、尾津は男だから言った覚えがないことは覚えがない」

とこの調子で、法廷の空気に呑まれることは一切なかった。むしろときには怒りを全開にして、椅子をふりあげることさえあった。

公判中の尾津（「画報現代史」第3集より）

結局、一審は懲役三年を求刑される。
そのころ、塀の外でも動きがあった。警視庁から解散勧告をうけていた尾津組もほかの組と同様に、七月二十三日、ついに解散を決める。小菅から親分の尾津が解散の宣言を出した。
新宿駅東口広場では、尾津不在のまま解散式が行われ、岡戸竹治副組長や妻久子、重原淀橋警察署長が挨拶し、舎弟分の野原組組長野原松次郎の手締めにより、あっけなく解散した。[16] とはいえ前

尾津組解散式（昭和22年7月撮影）

に述べた通り、実質は看板をつけかえただけ。組織そのものが消えたわけではない。組は、尾津商事へと改称しただけである。この時点で、尾津の直系子分は二百五十名もいたと言われ、彼らは新たに新宿露店商睦会を結成し連携を維持した。

民事裁判で地主たちと争っていた土地使用についても目途がつきそうだった。調停によって、一年後の昭和二十三年九月末に尾津が出ていくことで話がまとまる。[❖17] 尾津組は新宿マーケットの支配から離れ、地主と各店主たちの直接関係となっていった。

刑事事件の判決が九月二十三日に出ると決まった矢先の十二日、突如として三十日間の勾留執行停止が尾津に言い渡される。

胃腸カタルと神経衰弱症を理由にして急転直下、東大病院に尾津は入院したのだ。といいつつ……病院を抜け出し妾宅へこっそり出かけ、酒を飲んだのが発覚。ただちに執行停止は取り消され、塀の中へUターンとなったのだが――これがのちに大問題を引き起こす。

尾津が憎んだアメリカ人記者ダレル・ベリガンは、そもそもが尾津が警察や裁判所の面々に賄賂を渡したり、宴会を催して買収したから、裁判官や検事が勾留停止を決めたのだと断じた。

尾津本人はもちろん真っ向否定。ＣＩＣ（アメリカ陸軍対敵諜報部隊）の高官が自分をよく理解してくれていたからだ、とした。ＣＩＣが裁判所に働きかけ、保釈でなく執行停止の処置をしたのだと。それなのにＧＨＱが横槍をいれて執行停止を取消し、裁判をやりなおさせたのだ、という。

この発言だと、尾津はＣＩＣをＧＨＱと別組織と捉えているようだが、ＧＨＱ／ＳＣＡＰの参謀第二部（Ｇ２）の下部機関がＣＩＣとなる。占領政策の妨げになるものを取り締まったり、情報収集にあたった部署だった。公職追放やレッド・パージもＣＩＣが担当している。ＣＩＣには暴力団や右翼団体も出入りしていたというから、尾津との接点は戦後まもなくできたのだろう。進駐軍の内部争いの飛沫が自分にかかったことが取り消しに関係している、と尾津はみなしていた。現在となっては、真相はわからない。

ともかくUターンした尾津の裁判は昭和二十三年四月十日、八か月ぶりに再開された。執行停止事件は国会でも問題にされ、五月、参議院司法委員会で調査がはじまり、妻の久子が証人喚問もされている。久子は、

「保釈について特別の運動をしたり、金を使ったようなことはありません」

と当然ながら疑惑を否定しているが、そのことより、夫について語っているくだりがおもしろい。[18]

「（尾津は）温厚だが短気。怒鳴るくせはあるが手をあげることはない」

「資産がいくらあるかしらないが、借金は六百万円くらいある」

尾津本人も六月二日、拘置所内で委員会に聴取されることになったが、子どものように駄々をこねる。宣誓をまず求められ、

「裁判所に対してなら宣誓しますが、委員会には宣誓しません」

三十分間揉め、結局「国会に対してなら宣誓する」で落ち着く。早速尋問に入り、執行停止中に遊興していたことを問われると、

「病院で二回酒を飲みましたが、これはアル中のために薬として飲んだだけです。(花街のあった)芳町へ行ったのは新築の家を見に行ったからです」

屁理屈をこね、賄賂をおくったことも否認した。[19] 実際は、芳町の芸者にして愛人の小吉のところに三時間ほど滞在していた。


政治的圧力をかけて保釈を得たかについては、一松定吉厚生大臣、楢橋渡、石橋湛山、大野伴睦、大久保留次郎ら有力政治家たちへも調査が及び、トータルで約百人から証言がとられ、以下のような結論になった。

「捜査員への威圧はあったが、裁判自体にその影響はなかった。保釈中に酒を飲んでいるので拘禁に耐えぬ病状ではなかった。よって裁判に問題はある」

これで担当検事は職務停止、判事は休職という事態となったが、それで調査は打ち切られた。[20] このとき、尾津のいう「進駐軍の内部争い」も、なんらかの影響があった可能性も確かにある。進駐軍から、判事を

三十時間以内に罷免する命令が出されたという話もあるのだ。[21]

筆者としては、賄賂や手心はあったと考えている。

拘置所に家族が面会にくれば戒護課長が尾津を特別室に入れたり、執行停止にあたっては東京拘置所医師が「拘禁性衰弱症」なる不可解な病名をつけて尾津を娑婆に出している。これは不可解というほかなく、手心が加わっていたと考えるほうが自然。不可解さは当時のマスコミもたびたび報じ、「日本民主化に対する危険[22]」とまで記され、やがて尾津の評判を落としていった。

結局、昭和二十三年六月十九日一審判決では懲役八年、罰金五十万がくだった。十一月十七日、控訴審も一審と同じ判決を下す。

新宿駅前一等地の迷走

地主との係争も混迷を極めていた。

一審判決後、尾津は調停裁判などやめて、何年でも立ち退きせずねばってやろうかと考え、尾津マーケットの運営を従業員に任せてしまう策を発表。[23]すると地主側は驚いて、示談に向けた仲介者として野村専太郎（都議会議員。のち議長。さらにのち一期だけ自由党・吉田派の衆議院議員）という男を差し向けてきた。示談になれば、告訴を取り下げるという。……と、地主への対抗のため、運営から手を引いたように本人は語っているが、実は新宿マーケットには昭和二十二年暮れに五百五十五万円に及ぶ所得税の滞納が指摘されていた。尾津としてもこのころにはマーケットを持て余していたのが実相だったろう。

ついには大蔵省から差し押さえ、競売と進み、地主側も私財を処分したり借り入れを起こしたりしながら支払おうとしたが払いきれず、店子にその話を持ち掛けた。尾津の所有物はオート三輪四十台など一式で五十一万円ほどの価格になったがこれでは焼け石に水。[24] さらに営業税、都民税あわせて七十四万の滞納も都より指摘され、輪タク四十台やマーケットの債権などまで差し押さえられてしまう。[25]

尾津は営業者たちの移転先確保までの時間がほしいといい、地主たちは、調停条項にマーケット建物の登記名義が尾津になっているのを書き換えるとあるのに、尾津が書き換えてくれないと苦情をいうし、[26] いや、それは俺が合法的に一人の地主から五十五万円で買い入れた土地まで返すように地主らが書き加えてきたからだ、とも言った。こうして言い分の違い、ゴタゴタ話は続いたものの、最終的には土地は徐々に地主たちのもとへ戻っていった。[27]

余談だが、新宿マーケットの中村屋の地所は、税金未払いのために国税に差し押さえられ、競売にかかることになると、情報をききつけた華僑実業家が取得するという話がもちあがった。実業家はキャッシュで一億あると噂されていた。慌てた中村屋は協和銀行、日銀、大蔵省などをかけずり回り、競売前日、三時ギリギリに納税して、からくも手元にとり返している。[28]

大繁華街新宿の駅前一等地である。こうした利権のゆらぎを目ざとく見つけ、近づいてくる者はいる。先述した野村なる男も、土地騒動のこのとき尾津と関係を深めた。尾津はこうした人の運動もあったのか、一等地に一部関与を残したように見受けられる。尾津と野村の接近には、野村の妻の談話も残っている。

「尾津さんと高野さんとのゴタゴタのとき、主人が仲に入って解決してあげたからです。中村屋さんは弁護士を頼んだから長引いたのでしょう」

野原組の車輪を付けた屋台（昭和30年1月撮影）

野村率いる野村工事会社は、野村自身が仲立ちし、尾津を退去させた高野フルーツパーラービル三階に入居した。また野村は、聚楽と高野との間の空地を取得したり、聚楽と武蔵野館寄りの道路に挟まれた百七十坪ほどの土地も取得している。この土地は戦中、やはり強制疎開地になっていたところで、終戦後地主のもとへと還ることになったが、都の土地関連の委員をしていた野村は、地主たちにこう持ちかけたという。

「どうせこの土地は区画整理になっても換地ができないから、私が買ってもいい」

まんまと自分のものにしてしまい、訴えられることになった。[29] このいわくつきの土地には、車輪を付けた屋台を並べて、マーケットが作られた。あるじは野原松次郎。尾津の弟分にして野原組組長であり、尾津逮捕時には後事を託されるほど尾津とは距離の近い人物である。

尾津が表立って東口周辺のマーケット街に関与しにくくなってからも、こうした人間関係という傍証をみるにつけ、新宿の大親分の影響力はそれなりに保持されていたのではないかと推測される。繰り返しておくが、闇市は親分狩りで瞬時に根絶させられるようなものではなかった。

獄中の父と娘

とはいえ、また高い塀の奥へと落ちた尾津。暗く湿った牢屋の中で、新宿への復讐を誓うのだった。焼け跡を片付けあれだけカネを使い、子分を動かし、自分でも東奔西走し人助けをしたのに、いまでは悪の権化のようにさんざんに言われ、マーケットも失った。

「牢獄から出たら、新宿はもう一度灰燼《かいじん》に戻して、返してやろう。恨みのあるやつらは、一人残らずたたき殺してやろう」

痩せた身体ながら眼光はいまだ鋭く、五十歳を超えても怒りのエネルギーは衰えることなく、全身から発する怒気を散らすため、狭い独房のなかを行き来するのだった。一、二、三……口中ぶつぶつと数を数えている。結局二十五まで数え上がった。出所したらまず最初に始末しようと決意した殺害リストであった。暗い独房の冷たいコンクリートの上で、殺す者らを数え上げている男の内面は暗い。湿地帯の汚泥に転がる石を裏返した下、蠢く蟲の群れを見たときのような胸の悪くなる湿った暗さ、明るさと同じくらいの強い凶暴性も持つのが尾津喜之助であった。

呪詛《じゅそ》は髪にも伝播するのか、またたくまに頭髪全体が白髪になった。しかし日が経つにつれ、白髪の五十男は、おのれの内部の重い石を、そっと元に戻した。

――男はこれではよくない。復讐なんぞ、バカバカしい。

そう思わせたのは、二人の娘。目に入れてもいたくない二人。

筆者がこの本を記していくにあたり、尾津の長女・豊子の著書『光は新宿より』を大いに参考にしたが、それでも各エピソードの彼女の解釈を全面採用することはできなかった。豊子が上梓したときの年齢は、入獄時の尾津よりも歳上。しかし一冊を貫く父尾津喜之助への視線は、刑務所に面会しに出かけた少女のころのまま。

父は、正義の味方でスーパーヒーロー。どこまでも仰ぎみている。尾津は、長女豊子、次女不二子（子どもは四人いたようだが）を眼に入れても痛まぬほどにかわいがり、特に豊子を溺愛していたから無理もない。

その豊子が執筆時に間違いなく眼を通したはずの尾津の自伝[30]には、この入獄のころに作ったと思われる歌がのっている。本筋から離れるが、記しておきたい。上手な歌ではないかもしれないが、これを読んだときの娘たちの顔が思い浮かぶ。

子等や皆とき世の波に浮沈む 父に似るなよ面は似るとも

何時の日にみなと笑ひて話すかと　夜更けの冷えに凝っと腕ぐむ

おそらく、くすり笑って、そして眼を赤くしたはず。

尾津収監時四歳の豊子は聡く、妻・久子は「お父さんは病気で病院なの」と言っても父の不在を納得させるのに苦労した。尾津は自伝のなかで豊子については紙幅を割いており、二冊目の自伝最終章は豊子豊子で終始する。新橋演舞場で踊った豊子のいじらしさ、歌舞伎座で豊子が踊れるというのならば、俺はいくら借金しようとも叶えてやりたいと記してしめくくっている。

姉妹に限らず、尾津の側には彼を慕う女たちがいた。

むろん一人は妻・久子。尾津が法廷で激昂すればなだめ、自らも証言台に立ち、早期釈放を願って好きだったタバコをゲン担ぎにやめた。もう一人、待合《まちあい》を経営していた千代。いわゆる妾である。彼女はマッカーサー元帥に嘆願書まで出した。伊東の元名妓で尾津は彼女の家でも暮らしていた。ちなみに、筆者が把握している限り、尾津の後半生は新宿に二か所、伊東（この別邸は「宝家」と称していたようである）、逗子、越谷に暮らした形跡がある。小吉という芳町の芸者も尾津の暮らしにはいた。三十年芸者をやり、芳町の芸妓組合理事長、東京芸妓組合理事長もつとめ、尾津収監後は、無罪の願掛けのため理事長をやめ、さらには佐倉・宗五郎神社へ日参し早期釈放を祈り続けた。尾津は女たちの献身に感謝をのべているが、当然だろう。

子どもたち、女たちによって、尾津は徐々に怒りをしぼませていった。そういう意味では尾津は相当に恵まれている。恵まれ過ぎている。

刑務所生活もそうだった。寿司や米飯の差し入れはもとより、運動の時間、尾津は看守と獄舎屋上へ出て、タバコを吸わせてもらうほど特別待遇だったともいう。[31] 尾津が描いた絵が面会室に飾られたり、家族とはそれなりの自由な環境下で会えてもいたようだ。ちなみに、のちに尾津商事の会計責任者をつとめたのは、小菅で戒護課長であった伊藤光治郎。さらに小菅拘置所長榎本高義と尾津は懇意だったと豊子も書き残している。十分な付け届けを彼らにしていたに違いない。尾津収監中、妻久子はこの伊藤に付け届けをして罰金刑を受けていることからも癒着は明らかだ。[32]

塀の外では、鬼の居ぬ間に世間が刻々と動いていた——。

まず、都内の道路のいたるところにおびただしく並んだ露店の数がこのころには激減してきていた。昭和二十一年七月ごろと比べると、尾津収監の二十三年には、三分の一ほどまで数を減らしていた。[33]

一方、闇市の根深さも露呈する。

尾津をはじめとする「顔役狩り」によってテキヤ組織は一見オモテからは見えにくくなってきたものの依然として影響力を保持していた。この時期に地下化していったともいっていい。出店には、実際のところ多額の権利金がかかり、そのほか名目をかえて徴収される費用もあって、裸一貫の戦災者がはじめる商売とは趣旨が変わってきていた。

ただ少なくとも尾津マーケットについては、土地がこのころから少しずつ地主たちのもとへ戻り始めて親分尾津の関与は途切れつつあった。

誰も彼もが飢え死にする恐怖のあった街も秋にさしかかるころには、主食の配給遅配も解消され、貨物輸送は回復、社会はようやく復興の緒に就こうとしていた。

怒りの静まった尾津は、復讐より勉強に時間を使い始める。各種総合雑誌に目を通し、文学作品をよみふけった。獅子文六や尾崎士郎、外国文学ではトルストイを特によく読んだ。獄中で若い共産党員と知り合い、彼らの純粋にも打たれるのだった。獄中の若者たちの素性をきくと元組員とか日雇いなのだと。彼らの境遇を思うとき、共産主義に肯定する要素はあると尾津には感じられた。ではと『資本論』も読んでみたが、これは、「よくわからなかった」。

獄中、ペンもとる。昭和二十三年、『娑婆の風』を本人獄中のまま発行。八十年近くたった今読んでも文章は読みやすく、同時に表現に鋭さも感じられる。マーケット開設の顚末、物質統制への批判を書いたエッセイである。昭和二十四年ごろまで、新宿駅東口駅前には、この本の巨大な看板広告が掲げられていた。

消えゆく露店街

昭和二十四年にはいると、いよいよ都内のマーケット街は終焉へ向かっていく。八月四日、GHQは都内六千の露店を翌二十五年三月末までに取り払うよう指令を出した。これをうけ各所で大反対運動が巻き起こったが、都内公道上の露店の命運は、これで決した。

二十五年に入ると、戦災復興区画整理事業が進み、新宿、渋谷、池袋などターミナル駅前を占拠したマーケットの解体もはじまり、新宿では、一月五日に最大規模を誇った和田組マーケットが強制撤去、露店商たちは融資を得、次々と集団で移転していった。

付記しておくと、この時期に集団移転した一角の残り香は、飲み屋街となって都内数か所でかろうじて今も嗅ぐことができる。たとえば新宿ゴールデン街などがそうだ。筆者もあちこちで聞き取り（いや飲み歩き……）をしたけれど、このときの零細露店商たちの移転の苦労話は、子孫の代にも伝えられているケースが時々あった。

路上を離れ、うら寂しい土地や蚊の飛び回るドブ川べりの土地へ皆で移り、肩を寄せ合って組合を作り、受けた融資を日々の売上から返していった人々。晴れた日も雨の日も決まった返済額を日掛け箱に突っ込

和田組マーケット移転風景（昭和25年1月撮影）

んで、隣の店へと回していく。そうやって高度成長期には小さな自分の城を持つに至り、家族を養った人々。尾津はこうした人々の初期の移転先を心配はしたが、やはり住む世界の違う男でもあった。

道路上の露店が消えたころ、闇市を繁栄させた矛盾の象徴、庶民を苦しめた配給制度のくびきも断ち切られていった。三月、四月と衣料自由販売、芋類の統制撤廃、水産物の統制撤廃、米以外の主食統制撤廃と続き、七月には味噌醤油も統制が撤廃された。

さて、読者は覚えておいでだろうか。尾津が収監前に、素人露店商たちの集団移転先を探していたことを。当時、伊勢丹の西隣り、新宿通りから少々引っ込んだ位置に都電の車庫があった。これをどかして、現在でいう複合商業施設のような職住一体の施設を跡地に作ろうとしていたあの計画のことだ。

これが、瓢箪《ひょうたん》から駒のように、ある意味、実現した。とはいっても尾津の知らぬところで、彼の描いたプランとはだいぶ違った形で結実した。

新宿露店商、流転の一点景として、すこし紹介しておきたい。当時、こんなふうに報じられている。

> 土木委員として口を入れ、不要になる伊勢丹横の都電車庫跡を自分に指名入札させる手筈だったという。彼（※注 尾津）の構想は、ここをシャレたガラス張りにし尾津マーケットを移すつもりだった。都電は今年（※注 昭和二十四年）の四月に移転したが、尾津の最後の計画はお流れ、獄中でさぞ残念がっているだろうと当時の関係者の一人が語っている。[34]

尾津本人に、義侠の意識がいかにあったにせよ、世間は癒着と利益誘導の行動と見た。物事は単色ではない。尾津には人助けの気持ちがあって構想を立てたところはあっただろうが、自分に利益誘導しようとしたのもまた間違いなく、世間の冷ややかな視点にも真実があった。もはや尾津の音頭で街は踊らず、東京都主導で移転計画は進んでいった。

昭和二十六年十二月、尾津獄中のまま、新宿通りに露店を張っていた戦災者たちのひと群れを含む四百人は、たしかに都電車庫跡地を払い下げられた。ここに、「新宿サービスセンター」なる不思議なビルを建てて商売をはじめたのである。

鉄筋コンクリート造、地上二階建て、半地下もあわせると延べ床面積千二百坪の共同ビルで、露店商の総帥たる尾津も常に意識していたように、零細の戦災者たちもまた三越や伊勢丹など大手デパートへ対抗意識を燃やし、もっともっと庶民的な「露店商による百貨店」をやろうとした。

しかし朝鮮戦争勃発によって資材費が高騰、竣工できるか危ぶまれたものの、危機を乗り越える。一枚

新宿サービスセンター（昭和27年2月撮影）

噛んだのは、尾津と地主たちの仲立ちをした、あの野村専太郎率いる野村工事。彼が建設費を据え置いたことで、ギリギリで開業ができたと言われる。ただしこの食い込み方から見て、野村になんらかの政治的運動があったようにも想像される。

「新宿サービスセンター」は、まさに〝露店商デパート〟だった。

オープン時にはパチンコ台をおいて、玉が入ったら景品を配ったり、チンドン屋をよんで開店披露をやったりと、本家の百貨店のような格式張ったところは全くなかった。零細事業者の集まりであり、とにかく資力が全くなく、開業間もない時期は店主たちはそろばんさえ買えないほどで、組合員約三百名、当初は全員平等に月給一万円とし、苦しいスタートを切った。

それでも、かつての原始的闇市的商法から共同仕入れを行う改革を行い、焼け跡の困窮時代から比べればマシだと、誰もが歯をくいしばって商売に打ちこんだ。組合員には、七十超えの老爺もいたし、手足を失った傷痍軍人もいた。[35] 洋品店、中古品店、古着屋、骨董屋、食料雑貨の店だけでなく、屋上遊園地を設け、極めつきにはストリップ劇場フランス座に小屋掛けまでさせて、なりふり構わず目立とうとしたことも、テキヤ商法の匂いが漂う。

しかし肝心の物販商売は心もとなかった。広々した店舗を使いきれるだけの商品供給力を持ちえず、ショーケースは品が少なく、ラインナップは流行品を避け、仕入れ値の安い商品を安値で売った。売り場はどこか寒々しい風が吹いていた。売り子も容姿端麗な若い女性を起用した百貨店とは大きく違って、下駄履きの姉さん、高齢の女将さんたちという、まさに露店の人々だった。[36]

格式など気にしない佇まいに、後世の筆者などは一度出かけてみたかったと思うけれど、復興に向かい、少しでも良い物をと希求した中間層の多い新宿では今一つ受け容れられず、開店してたった三年で破綻。結局関西から関東進出を目論んでいた丸物百貨店に身売りし、露店商デパートは幕をおろした。その丸物ものちに、隣接する伊勢丹に買収された。百貨店の向こうを張ろうとしながら、その百貨店に併呑されたのは歴史の皮肉である。こうして、新宿露店は終わりを告げた。格式の前に夢潰えた貧しき人々の百貨店の痕跡は、いま何一つ残っていない。

親分の出所

ここで尾津入獄後の余談をひとつ。

尾津は塀のむこうへ押し込められてすぐのころ、憎悪の念を燃やしていたと先に書いたが、その相手とは、自分を刑務所に送った地主側の弁護士や証人たちだった。正義を行ったはずの彼らはその後どうなったか――。

尾津の後日の恨み節によれば、百崎弁護士は、尾津の手から離れた新宿マーケット三十余コマの権利金や家賃収入の一部を、地主たちに分配せず我が物にしたという。そして「共謀」して自分を陥れた証人、庄司新三郎も店子側についてしまって地主に反旗を翻したのだと言っている。要するに尾津としては、「俺ばかりが悪いのか。あいつらも悪い」と最後まで考えていた。

実際、地主側としても彼らに良い印象は持っていなかった。中村屋は、百崎と名指しこそ避けているが、その弁護では「埒が明かず」、裁判が長引いたのだと書き残している。裁判に入るとき、創業者長男の同級生が名うての弁護士だったため、弁護を依頼しようとしていたが、その人が東京裁判のA級戦犯・大川周明の弁護に入るために頼めなかったのだと、これまた恨み節に近い記述を残している。[37] 尾津を刑務所へ送った人々も「曲者」たちではあったのだ。少なくとも勧善懲悪の物語とは言い切れないことだったと、ここに記しておく。


さて、監獄にたたきこまれて五年。昭和二十七年四月二十八日、尾津喜之助は千葉刑務所を出所。サンフランシスコ講和条約発効による恩赦のため、刑期より四年早い出所だった。

派手好きの尾津である。出所するなり浅草・酉の市と羽子板市で「新宿尾津」と大書した大熊手をこしらえて、テキヤの大親分の再登場を世間に印象付けようとしたりもしたが、関東尾津組は実質は別にしても表立ってはすでに存在せず、新宿通りのマーケットは手元から引き剝がされ、世間の誰の目にも尾津は凋落して映った。長女豊子は、このころの尾津の財布の中身を書き残している。「家の現金は六万円のみ」。

尾津はなにも語っていないが、妻久子は尾津の不在時、子どもをおぶっておでんの屋台をひいていた、という目撃談もある。[38]

マーケット全盛時代は、自分のマーケットから上がる収入の他に、中央線沿線に広がる配下の二次団体(たとえば高円寺の茂木一家、中野駅前北口のマーケットなど。ちなみに中野駅の場合、南口側は和田組が差配していた)[39]などから上納される利益もあったはずだ。ほかに尾津ホテル、輪タクなどの事業収入もあった。

しかし輪タク事業は、尾津入獄のころにはすでに斜陽期に入っていて、本人は後年、他人に乗っ取られたのだと言ったものの、実際は身売りせざるを得ない状況に陥っていた。そもそもが交通の復旧とともに輪タクに乗る人自体が減少し、曳き子は本業をおろそかにし、末期には輸送業務よりもポン引きにうつつを抜かしていた。マーケット付近に立つ街娼たちとタイアップして、現代でいえば風俗案内所的副業をする者があとを絶たなかったのだ。しかも輪タク業者は六社にまで増えて供給過多状態、もはや利益を望めなくなっていた。[40]

尾津の凋落にはこうした理由もあったにせよ、なにより一番大きな原因は、新宿闇市の王座から転がり落ちたことが大きい。入獄とほとんど同時期に路上の露店整理と戦災復興が進み、歩調を合わせるようにマーケットにまつわる税金滞納問題が顕在化、その清算のために輪タク、事務所、ホテル、電話回線に至るまで値段のつくものは片っ端から売られてしまったのだ。刑務所を出た親分に残されたのは、前述、六万円の現金と、新宿の三軒長屋のみ。[41][42]

……と、いうことだが――実際のところは困窮していたとは到底思えない。

尾津は塀の奥の暗がりからオモテへふたたび現した〝顔〟を、すぐさま、存分におのれのために使って資金を得た。社会復帰してまず、尾津商事株式会社を設立している。資本金は一千万円である。本人さえいれば、カネを集めることはできたのだろう。会計責任者は小菅で戒護課長だった伊藤光治郎。

尾津商事、最初の大プロジェクトももう決まっていた。驚くことに、すでに復興期に入り整理の進もうとしていた新宿駅前での、ふたたびのマーケット建設である。ただし今度は不法占拠の闇市ではなく、自己所有の土地。それでも該当地にはキナ臭さが漂う。

建設予定地は、遠くない将来に区画整理されるのが決まっている駅前、高野ビル隣接の百坪。もともとは戦中の強制疎開で都に接収されて空き地になっており、尾津の入獄前後、昭和二十三年に払い下げをうけていた。塀の中の尾津に代わって、この土地の名義は、あの野村専太郎になっていた。尾津は駅前の土地開発に、やはりしっかり噛んでおきながら入獄していったのである。筆者は証拠をもっていないものの、新宿マーケットの立ち退きにあたって、なんらかの補償、見返りとして便宜を受け、この土地が取得できた疑いを捨てきれないでいる。

しかもこの百坪、遅くとも昭和二十九年までには駅前広場となる予定で、本来建物を建てるのは許可されない。そのために、建物はたてず、「建物ではない」というタテマエだけ立てた。

柱も土台も壁も屋根までもない屋台のようなものをこしらえ、テーブルの四つ角に鉛管をつけ、ビニールで雨除けを付けた、定義曖昧な売り場を作ってしまったのだった。製作を請け負ったのは舎弟分の野原松次郎。仲間うちで仕事を回し、道理の通らぬところに無理筋を通しきってしまう——都政の有力者に尾津が〝顔話〟をしたのだろうと推測するのも無理はないと思うのだが、いかがだろう。

さらに、矛盾が露呈する。

この空き地には、先行する人々がまたも、いた。今度の土地は空き地だから地主ではない。先行者は、靴磨きの人々だった。

終戦直後、どの闇市でも見かけることができた、もっとも資力なき路上の職人たちである。上野あたりでは幼い戦災孤児たちがこれで糊口をしのいでいた。新宿にも戦後七年を経たこの時点でも商売する者が多数おり、出自はやはり引揚者、復員兵、戦争未亡人。露店の人々と全くおなじ、いわば尾津が守らんと世間に標榜してきた人々であった。職人たちは三十名ほど。組合を作って団結していたが、うち十六名までが、女性。

新生尾津マーケットはその人々を追いやって立ち上げるわけである。目の上のたん瘤になった彼女たちのもとへ、一案を説明しにいった尾津の使いがいる――終戦時、マーケット建設をバックアップし、蜜月だった、あの元淀橋警察署長、安方四郎である。いまや尾津商事専務におさまっていた。食料難の時代、酒を飲まない署長だから甘味でも、と尾津が気をきかせて砂糖を届けさせたら、突き返してくるほど生真面目なんだと尾津がホメた男だが、現在のこの関係性をどう説明するのか。

この安方、指先を靴墨で真っ黒にした人々の前に立ち、宣言した。

「数名はこのまま残っていい。あとの人は四十万円の立ち退き料を支払うから、西口駅前に移ってほしい」

職人たちは、かつての警察署長、いまは尾津の走狗になった男の前で表情を曇らせる。西口では今より三割から四割も売上が落ちてしまう。それに三か月分の道路使用料を都におさめているから、そんなことを言われてもすぐには動けない――靴磨き職人たちの反発を耳にした尾津は百万円までなら出していいと言い放つ。職人たちの思いとはうらはらに、尾津としては弱い立場の人々に譲歩し、寄り添ったつもりだった。食い違う両者の言い分を要約しよう。まず尾津。

「終戦直後は、新宿には客の靴を脱がせてまで修理したり磨いたりする暴力靴磨きが多かった。これではいけないと私が自分の土地を貸したのだ。今度の件は、職人たちの生活もあるから、換地まで探してやったのに……」（傍点部筆者）

尾津が土地を所有したのは終戦後三年を経たころだが、本人のなかではもう自分の地所だと思っていたようだし（そのような約束があったのかもしれない）、職人たちの生活が大変だから黙認してやっていた、という感覚である。

靴磨き職人側は。

「われわれが利用しているのは、都の土地だ」

「安方さんからは『血を見ぬうちに立ち退いたら？』と脅迫的なことも言われた」

職人側の言い分に一理あると思わざるを得ない。

実際に彼らは都有地で商売していた。後世の筆者から見れば、なんだか既視感あるこのやりとり。尾津は職人たちに伝えた言い分を、かつて裁判で争った中村屋や高野フルーツパーラーの経営者らの前でも言えただろうか。「黙認してもらったからといって、ずっと他人の土地を使っていい道理はないのだ」と。

おそらく、言えただろう。あれとこれとは話が違うのだ、と平気な顔で。

結局、最後は現職の関口淀橋署長が間に入って話をまとめ、職人たちを駅構内に移転することで決着した。[43]

ここで読者には、戦争で夫を失い、ひとり靴磨きで食っている女性に自分がなったつもりで考えてみていただきたい。どんなに異論があったとしても、親分と警察というオモテウラ両面の権力者が一緒になって迫ってきて、簡単に反論ができるだろうか。このとき尾津は、弱い者へも示威力を使ったのだと言える。

　こうして、新生尾津マーケットは完成した。店子が払う保証金（という名の権利金）は坪三十五万円から五十万円と言われた。尾津は、区画整理のあかつきにはこの保証金をもって、三越裏の換地にビルを建てることに使う腹積もりだった。[44] 果物屋と呉服屋は尾津の直営である。絶対に損をしない段取りを組んだのだった。

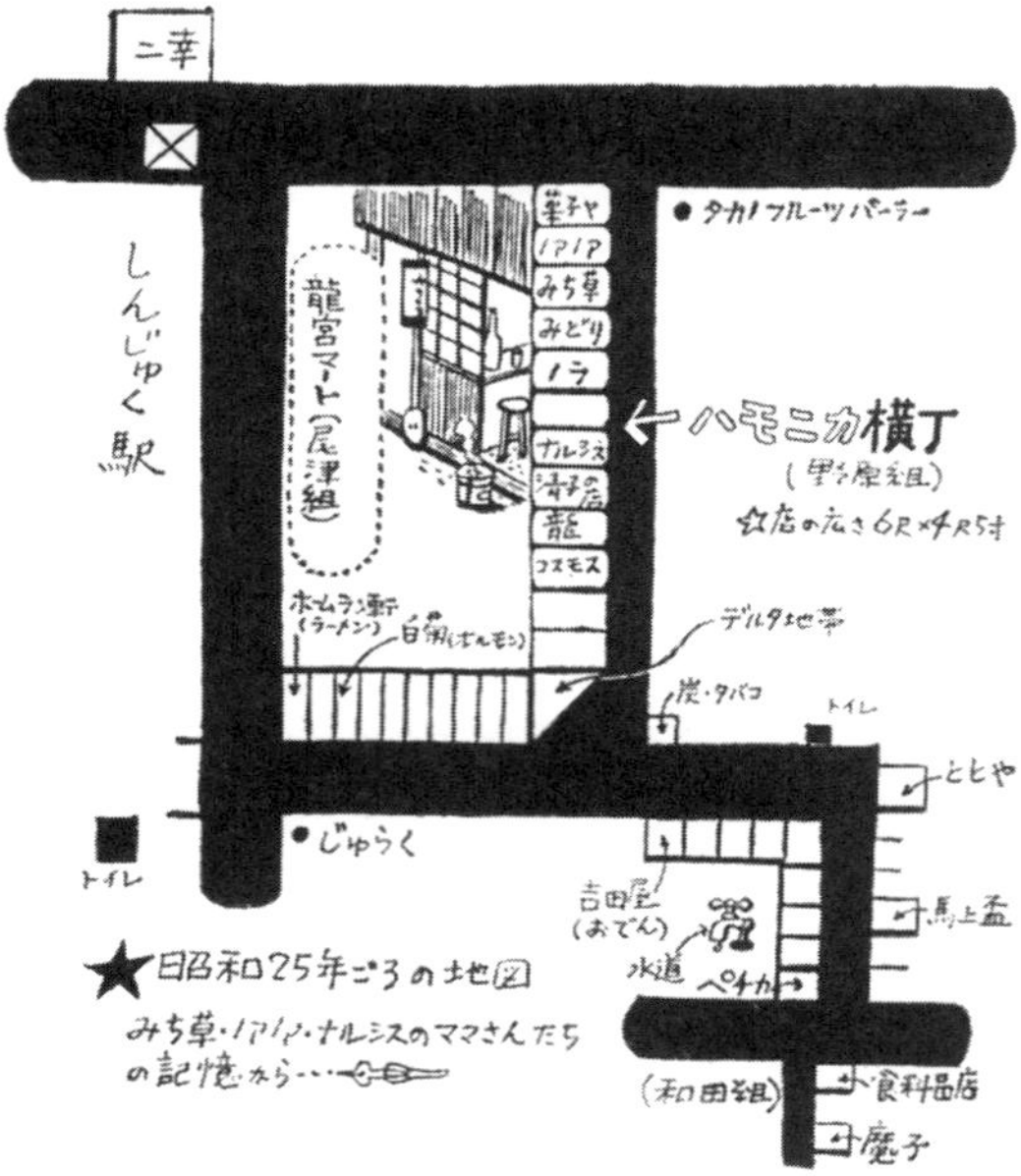

昭和20年代後半ごろの新宿駅東口のマーケット街分布図。「昭和25年ごろ」と記載があるが、記憶で描かれたともあるように、もう数年あとの様子と思われる（「新評」昭和55年6月号より）

　かくて完成したマーケットの名は、「龍宮マート」。出獄した尾津が、久々の娑婆に戻ってきて自分は浦島太郎なんだと、自嘲とユーモアをこめて付けた名前という。豪華絢爛、華々しいイメージも漂うが、筆者には皮肉な名前にも響く。いつか現実が迫ってきたとき、幻のように消えてしまう、泡沫、非現実の象徴——。ともかく、収監中に落魄《らくはく》したにしても、ふたたび新宿の一等地を使ってまたたく間にこの男は復活を果たしてしまった。

編集発行人は虎狼の瞳

昭和二十八年の七月、海風の吹き付ける埋立地・芝浦ふ頭の運河沿いに立つビルの一室、机や電話機の並ぶオフィスでのこと。ひときわ大きなデスクの上で、背が高く、あごの大きい、目つきの鋭い、色黒痩躯の初老の男が着流し姿のままあぐらをかいていた。片手には焼酎を容れた茶碗、もう片方の手にはスルメ。ついさきほど、編集部員を買いに走らせたものだ。[45]

たった今、編集会議がはじまったところだ。あぐらのまま、男は部員の話をよく聞いている。男はもちろん尾津喜之助。ここは「萬朝報《よろずちょうほう》」編集部。

尾津はなんと、新聞社を主宰していた。

明治二十年代に創刊し幸徳秋水や内村鑑三も所属したゴシップ紙の先駆けだが、太平洋戦争前に休眠状態となり、戦後まもなくは資金難のために旬刊となっていた。この名義を尾津は買ったわけである。つまり前者と後者では本質的には連続性はなく別物。名前を買うため、尾津は自家用車まで売って二千万円のカネを作り、おのれの力で記者をあつめて編集部を組織した。[46][47]スタッフには、尾崎士郎や大下宇陀児《うだる》、なかにはレッド・パージで追放された者も混ざっていた。

多弁、自己主張の強い尾津はかねてからメディアを主宰したがり、「新聞記者」なる雑誌は、尾津お抱えとも言われた記者が中心となって運営されており、編集部も東京街商組合事務所にあったという（本誌は本書でも大いに参考にしている）。しかしまだ、前面に尾津が出ていたわけではなかった。[48]

今回、借金してまで新聞主宰に至ったのには下地があった。

当時、山の手新聞（現・全東京新聞）という新宿拠点の地域紙があり、その執筆者であった小田天界は、尾津の「龍宮マート」建設について批判記事を書いていた。近い将来、広場になる場所に本来は建築物をこしらえることなどできない。実際に元地主の一人が、ヨシズ張りの氷屋をやってみたいと申し出るとただちに不許可となった。なのに、申し訳程度の車輪を付けたバラック街の建設を当局が尾津に認めてしまったのはおかしいじゃないか、という至極もっともな指摘を書いたのである。尾津側から脅迫がある可能性もあったので、小田は各地を転々とし批判を書いていった。

すると、小田の会社前の電柱や塀に、山の手新聞を批判する内容の「社会浄化運動同人会報」なる発行元不明の怪文書ならぬ怪新聞が貼りだされたり、銀座、京橋、池袋など繁華街にも似た内容の批判ビラが掲示されてしまう。内容からして、尾津や尾津の配下がしたことに違いない。

ちょうどこのころもたらされた話が、「萬朝報」経営の話だったのだ。

少し前、昭和二十七年の大晦日、当時の萬朝報社長・河野幸之助が尾津のもとを訪ねてきていた。新聞の資金難のために尾津を頼り、社長就任を要請したのだった。尾津は乗り気になり、資金提供と新聞への参加を決め、

「萬朝報で心中しよう」

とまで河野へ言った。ところが話が進んだところで河野は驚愕する。尾津が人事、経営、編集の一切を一人で取り仕切る、と言いだしたのである。河野にすれば尾津の言い分は乗っ取りとしか思えなかったが、尾津にすれば社長になるのだから、自分がやるのが当然、と言い切った。この部分は、尾津の言い分に軍配をあげてもいいと筆者には思えるが[49]。

結果、尾津は新聞を持つに至ったし、遊び半分ではなく、前述通り筆力のある記者のスカウトも実際に行った。筆鋒で攻撃してくる相手には、同じく筆で対抗する手段をこうして得た。

これで山の手新聞にも反論できる——。

筆者はこういうときの尾津の明色の大風呂敷に惹かれるものがある。多弁男の面目躍如といっていい。ちなみに、この時期に二冊目の自伝的エッセイ、『新やくざ物語』も発表。この著書には、編集部に関わっている尾崎士郎や、石橋湛山の推薦文がのせられている。言論で世間に自分の力を見せつけようとしたのだった。

ここまでの明るさはいい。しかし明るさとは、湿った影と表裏の関係を断ち切ることができない。「萬朝報」をめぐっても、尾津はまた、暗い影を作る——。

一つ目。

昭和二十九年一月、尾津邸からほどちかい角筈にあった西村金融株式会社の社員が不正をしていると聞きつけるや、尾津は自ら社長に面会しようと出向く。来訪した親分を前にして、窓口スタッフは幹部へなかなかとりつがず、癇癪玉が炸裂する。

「俺は尾津だ。お前のような小僧と話しにきたのではない」

怒鳴りつけて立ち去ったかと思えば、二月に入ると、顧問西村三郎（社長小三郎の実兄）を自宅によびつけた。理由は「萬朝報が増資するので援助してほしい」。西村が断ると、尾津は大きな目で西村を見据え、手元の茶封筒を手渡した。

「このなかに銀座支店の事件の原稿が入っているが、『萬朝報』に出ないよう俺が抑えている」

西村は二十万円を渡したのだった。この通りのことが起きていたとすれば、ゆすりである。

尾津側の反論。西村金融の件は、萬朝報の販売を請け負っていた高島貞夫という者が新聞代を払ってくれず、問いただすと、西村金融に貸しがあるといい、それを質すために西村へ向かっただけのことだ、という。高島はどのような人かはよくわからない。尾津によれば、外部の人には「自分は萬朝報局長である」と名乗って日本橋今半から金銭を受け取ったり、勝手に副社長と僭称《せんしょう》しているような不届き者、とのことだが――。

二つ目。常磐相互銀行の渋谷支店長が簿外預金三億数千万円を不正融資し、回収不能に陥っているという情報を尾津は得た。二月、総務部長を自宅に呼びつけ、告発記事を萬朝報に載せると伝え、その原稿を読み上げた。部長の話を聞いた取締役らは、これが世に出ると銀行の信用を失うと狼狽、本店の顧問が尾津に接触してきた。

赤坂の料亭「酒井」にて銀行幹部と尾津、自由党の林譲治、益谷秀次も交えた酒宴が開かれる。益谷は、尾津を「私の弟分だ」と一座に紹介したり、銀行幹部は尾津と兄弟分の盃を交わしたりして親交を深め、尾津はしまいには都都逸《どどいつ》をうなり、何事もなく宴は終わった。代議士たちの並ぶ酒の席で、尾津は不正融資についてはなにひとつ切り出さない。

皆帰り、銀行顧問と二人だけになったとき、尾津は静かに言った。

「萬朝報の株券百万円分を担保として百万を融資していただきたい」

こんな株券に担保価値がないのは当然尾津は知っていた。顧問はすぐさま、萬朝報の事務所に出向いて、小切手を渡すのだった。

さらにいくつか。武蔵野映画劇場（武蔵野館）社長・河野義一は、山の手新聞に尾津批判記事を書いた。尾津はこれに激怒し、四月、脱税のために国税から告発されたレジャー施設・東京温泉の記事に赤丸をつけて、「今度はお前の番だ」と書き込んでから河野へ郵送した。ほかにも、毛布卸売商を自宅へ呼びつけたり、百貨店、興行会社、大学などからも似た方式で金銭を引っ張ったりは他にもあったらしいが、証拠不十分で不起訴になっていて、明るみには出なかった。

地銀や街金の不正を報ずることは意義あることだが、日ごろの尾津の大言壮語からみて、この相手が「義憤」にかられるほどスケールの大きな社会悪だったか。少なくとも、糾弾する相手に融資の相談をするのは、なにをどう弁明しても弱みにつけこんだ喝取《かっしゅ》にしか見えない。警察用分類に当てはめれば「新聞ゴロ」と言わざるを得ない。

言論で来た相手には言論で、という姿勢をとった尾津だが、拳で来た相手にはやはり、拳も使った。

昭和二十九年九月十八日、巣鴨劇場の譲渡権をめぐって、地元の巣鴨小川組と尾津「組」が乱闘騒ぎを起こす。経営難だった劇場が尾津側に株式を譲渡したのに、その後も経営を明け渡さなかったため、「巣鴨映画劇場社長　尾津喜之助」と書いたビラを、劇場内に侵入した五十人もの男たちが貼り始めた。すると劇場側の人間と殴り合いになり、数人が怪我を負い、警官隊が出動したのだった。❖50 親分の尾津はこのとき家宅捜索を受けている。組を解散して塀の外へ出てきて、新聞社まで主宰したのだが、なんのことはない、実質的には「組」としての示威力は変わらずに保持し続けていたのだった。

この時期の尾津は香具師の総大将ではない。青空の下で物売るよりも、暴力を背後においておのれへ利益を強引に吸引する、「やくざの顔」を前面に出しゆらぐことがない。この不純な利潤追求作業に、尾津は純粋に、没頭したはず。獲物の弱点を探し抜く血走る虎狼の瞳の暗さ。人間は清廉と悪徳が混淆して詰まった肉袋で、袋から一貫性なくそれらが飛びだしてくる矛盾を宿命として持っている。ふつうは誰もが常識をうまく糊塗して、極力終生、善良な一市民として一貫性ある物語を生きようともがく。

尾津はなにも糊塗しないし、できない。善も悪も予定調和なく、物語に収斂《しゅうれん》させず表面に強烈に現出させながら生きてしまう。後世の者に、彼を愛させたり、憎ませたりを容易にさせない、なまの矛盾が記録の上からも匂い立ってくる。その異常人の矛盾さゆえにかえって、筆者などは人間というものを教えられる思いがする。

ほどなく、萬朝報は経営不振となり、廃刊した。

編集発行人尾津喜之助は、常磐相互銀行の件で恐喝の容疑がかけられ、逮捕の手が伸びるが——突如として、姿をくらます。還暦間際でのこの行動、やはり通常の人の感覚ではない。

昭和三十年十二月十四日、警察は尾津喜之助を全国指名手配。歌舞伎町の自宅、妾宅であった杉山千代の逗子の家や伊東の旅館までも家宅捜索を受けるが、尾津のゆくえは杳《よう》として知れない。[51] まもなく還暦を迎えようとする男は、テキヤネットワークを使い、全国の温泉地を転々として逃亡を続けた。結局、年明けの一月四日、自首したのだった。[52] 恐喝の総額は千二百八十九万円にのぼった。[53]

終戦の激動にはじまり、尾津がヒーローのように登場して世間を賑わせ、また堕ちていった昭和二十年代は、こうして幕を下ろした。

テキヤの総帥、最後の仕事

焼け跡は、東京から消えた。

昭和三十一年の経済白書は「もはや戦後ではない」と堂々記し、復興の完了が世間へと喧伝され、この国の景気は天地創造以来初というほどに空前の伸びを示し始めた昭和三十年代初頭。新宿闇市の王はもう、ほとんど話題にのぼることもなくなった。

露店商の顔をしまいこんで、すでに実業家の顔を前へ出していた尾津喜之助は、昭和三十二年、越谷に二千七百坪もの土地を得て、別荘を建てた。ここがのち、終《つい》の棲家《すみか》となる。[54]

わずかにマスコミに名を躍らせたのは、なかなか収束しなかった「萬朝報」事件の顚末。裁判は三年にわたって長引いていたが、ようやく判決にまで至った。昭和三十四年一月二十日、控訴審判決は一審の無罪を破棄、尾津に一年六か月の実刑を言い渡す。尾津側はこれを不服として、ただちに上告した。[55]

その渦中、老境に入ってきた尾津にふたたび、「テキヤの顔」、というより、「やくざの顔」を前面に出させ、全身の血を沸騰させる一事がやってくる。

昭和三十五年一月、岸信介首相、藤山愛一郎外相らがアメリカに向かい、改定された日米安保条約に十九日、調印した。しかし国会は条約承認をめぐって紛糾、社会党・共産党は強固に安保批准に反対し、労働組合、学生、市民の中からも激しい反対の声が上がった。五月二十日、岸内閣が強行採決へ踏み切ったことで、国会議事堂を取り囲むデモ隊の反発は激化していく。いわゆる「六〇年安保」と言われる政治運

国会周辺を囲むデモ隊（昭和35年6月撮影）

動である。

条約批准を記念してアイゼンハワー大統領（通称アイク）の訪日が、条約の自然成立する六月十九日に決定された。大統領は羽田から皇居まで十八・七キロを、天皇とオープンカーに同乗して向かう計画が立てられた。このコース上、二メートル間隔で警官を配置すると一万八千七百名を動員せねばならない。ところが警視庁は二万四千名、機動隊は一万五千名がほぼ全勢力であり、連日国会につめかける十万人規模のデモ隊の反対行動をも抑止するには不十分な状態だった。

この状況下、無事に大統領を迎えるため自民党安保委員会が組織したのが、「アイク歓迎実行委員会」であった。委員長は、田中栄一代議士。元警視総監である。この国の警察力総出でことにあたろうとしたのだった。

実行委員会が頼ったのは、フィクサーと呼ばれた右翼の巨魁、児玉誉士夫《よしお》であった。児玉はデモ隊を抑えるためにいくつかの勢力の糾合《きゅうごう》を目指した。それは右翼団体、博徒、旧軍人、消防関係、宗教団体、そしてテキヤだった。博徒へは稲川聖城《せいじょう》、阿部重作らに声がかけられ、テキヤは、すでに表舞台から引退状態で、実業家となっていた尾津喜之助と、池袋の関口愛治であった。❖56 田中栄一は、この時代には成立していた都内のテキヤの組合・東京街商協同組合の顧問もつとめていた。

デモ隊制圧部隊の出動計画には、親分衆が集められる限りの人員動員以外に、のぼり、腕章、ビラをまくためのヘリ、セスナ、乗用車やトラック、詰め所の旅館や救急車の手配までもが仔細に織り込まれていった。――しかし時間がない。

六十二歳の尾津は、依頼を受諾した瞬間、終戦直後にテキヤの総大将をつとめたころの目つきを取り戻した。ただちに、自分の経営する浅草の料亭「可ぶき」に、かつて和田組マーケットを率いた和田薫はじめ都内の親分衆を集め、六月十日、都内の親分衆にあてて檄文の電報を打つ。状況は切迫していた。この日、大統領の新聞係秘書ハガチーが羽田空港でデモ隊に包囲され、米軍ヘリコプターで脱出するという非常事態が発生してしまう。大統領の訪日が危ぶまれるなか尾津は準備を進めていく。

十三日、檄を受け取った五十人からの親分を「可ぶき」に集合させ、尾津商事の常務をつとめていた山田三樹（終戦後、自由が丘のマーケットを差配したテキヤ）が一同に説明する。

「（テキヤたちの）動員数は約一万人。怪我人が出る場合も考えると……二億円はかかります」

間髪を入れず尾津が一言。

「資金の一切は俺が引き受ける」

親分衆は顔を見合わせたが、続けざまに言う。

「全財産を潰してもいい」

実業家に転身していたとはいえ、巨額な資金であった。伸るか反るかの場面で大きな決断を素早く下すことは、大親分であることの条件であった。尾津はこの点、特に俊敏であり、そして大胆だった。


こうして目鼻のついたテキヤ連合軍の名は「大日本（憂国）神農同志会」。最終打ち合わせを下谷神社で行ったとき、動員可能人数は一万五千名にまで膨らんでいた。尾津・関口連名のビラ二百万枚、セスナやヘリ、トラックの手配、人員の配置場所まで調整を終えたころ、十五日にまたもや事件が起きる。

国会前で警官隊と全学連（全日本学生自治会総連合）の学生が衝突した際、東大生・樺《かんば》美智子が死亡してしまう。この事件によってデモはさらに燃え上がり、内外に波紋を広げていく。十六日、岸内閣はついに、「アイク訪日中止」を要請。大統領をテキヤが防衛する計画は、唐突に、消えた。十九日午前零時、新安保条約は自然成立した。

二十三日、岸信介は辞意を表明。怒号の飛び交った国会前の騒然も嘘のように消え去り、やがて若者たちの血のたぎりもどこかへ霧消していった。尾津もまた、これを最後に、テキヤの総大将の血をふたたび沸騰させることはなかった。

社会が混乱期にあるとき、テキヤはその組織力、そして暴力を国家権力から期待され、世が落ち着けば排除される。終戦時と同じ方程式が、このときまた繰り返された。権力が仕留めようとしたうさぎの姿が消えれば、追う狗《いぬ》も、もういらない——。

実業家の顔

尾津の存在感は、新宿から少しずつ薄れていった。

安保闘争が起きたのと同じこの年、新宿駅前では区画整理による広場の造成がはじまる。計画地に最後まで残っていた「龍宮マート」は、このとき消滅した。少し前には兄弟分・野原松次郎のハモニカ横丁も取り壊され、新宿駅東口のマーケット街はこれで、終焉を迎えたのだった。

テキヤの親分として新宿の街から排除されたように見える尾津だが、やはり、ただでは起きない。新宿駅東口の都市計画において、区画整理による減歩《げんぶ》率は二十六%だったものが、尾津の龍宮マート移転は、なぜか、わずか六%にとどまった。都の有力者と尾津側の癒着が噂されたが、真相はどうあれ、優遇を受けているのだから、なんらかの力が働いていたと見るのが自然だろう。[57]

長引いていた「萬朝報」事件も決着を迎えた。最高裁まで争った末、昭和三十六年五月二十三日、尾津の実刑が確定。昭和三十七年三月、六十三歳になった尾津は、一年六か月、ふたたび塀のなか[58]へ[59]。

還暦を過ぎての二年のお勤め、彼がなにを思って塀のなかで暮らしたのだろうか。ここでひとつまた余談をさし挟みたい。

出所後二年ほど経った昭和四十年の尾津をとらえた記録映像を筆者は観た。ＮＨＫ「新日本紀行」での一場面[60]である。

六十七歳となっていた尾津は、相変わらず線が細いが背筋は伸び、表情は精悍。羽二重の羽織に「関東尾津組」と入った印半纏などとうに羽織らず、ソフト帽に背広という出で立ちで、新宿駅中央口前のビルへゆっくりとした足取りで入っていく。これは龍宮マート撤去のとき、退いて建てた七階建てのビル。撮影のこの日は、社員面接の日だったようだ。尾津商事の「社長室」で、新入社員候補の若者を前に、履歴書に目を落とす尾津。ＮＨＫのナレーションはこう結ぶ。

以前と違って仁義も盃もいりません。過去の尾津さんを知らない応募者も多いとか。わずか二十年の歳月が新宿という街も尾津喜之助という一人の人間もすっかり変えてしまったのです。

ひとたびテキヤの盃を受けた者はほとんどの場合生涯その道から足は洗わないし、洗えない。尾津はもちろん生涯親分であったが、渡世上の名刺を切ることは義理ごとの場面以外おそらくほぼなく、安保闘争のあのとき一度だけふたたび刀を抜こうとしたが、あとは終戦後二十年、ゆらぐことなく〝実業家としての顔〟を前に出して、後半生を送っていた。

三越裏のこのビルでは、化粧品や健康食品を扱う、現在のドラッグストアのような「チャーミングコーナー」を営み、刀剣を扱う「扇風堂美術店」を直営していた。尾津は日本刀の鑑賞眼、コレクションは相当なものだった。

ほかにも尾津建設工業を荒木町に置き、昭和三十五年ごろまで、千葉・神奈川・埼玉で建売を展開していた。❖61

昭和三十年代に入っても、歌舞伎町・区役所通り沿いの飲み屋街は、いわゆる「青線」と呼ばれた当局非公認の売春地帯が広がっていたが、尾津はその一角の土地を少しずつ取得していき、ほとんど四角い、飲食店向きの百坪ほどの土地に整えていき、昭和三十六年ごろ、お好み焼き店「可ぶき」、「松阪城」というすき焼き割烹店を直営した。

「城」なだけに屋根には金のしゃちほこを配して、ド派手に仕上げたのは、新宿が「四角いトウフみたいなビルばかりこしらえやがって」、その反発の気持ちからだった。[62] ちなみにこの割烹店には、のちにテレビ番組「料理の鉄人」で人気を博した和食料理人が若き日に在籍していたという。

浅草にも同名「可ぶき」の割烹店を持っていた。尾津自身、若き日にうなぎ露店を出していたくらいだから料理には少々の心得を持ち、ときどき、客の前に立ち料理をサーブした。


この「新宿可ぶき」、意外な形で報道に乗ったことがある。

昭和四十三年十月二十一日、国際反戦デーの日、新左翼団体はベトナム戦争反対集会を各地で開いていた。新宿では、東口駅前広場に二千人を超える学生が集結。「反戦」のスローガンに狂奔した若者たちは暴徒化して駅構内に乱入、電車や駅施設を破壊、放火して暴れまわり、機動隊と衝突した。学生四千六百人、群衆二万人による暴動に、警視庁は騒乱罪を適用。七百人を超える者が逮捕された。世に言う「新宿騒乱」である。

その夜、駅ビルにつぐ被害を受けたのが、「新宿可ぶき」だった。警官隊が店内へ逃げ込んできたところを学生たちが襲い、いたるところを破壊されてしまう。後日、都から二番目に高額の見舞金が支給されたのだった。

この店が誰の店かなど、誰も気にも留めなかった。そもそも、二十年前、新宿駅前を占拠して覇をとなえた男の顔も、威光も、ふたたび新宿を占拠する過激派学生たちは思い出さないか、元から、知らなかった。[63]

第六章

鬼熊の晩年を訪ね歩く

記録の残る、尾津の晩年は

戦災の傷跡が街からことごとく消えた昭和後期、この国は世界でも稀に見る経済成長を遂げ、地面の価値は過去類をみない狂騰へむかっていった。

終戦後、瓦礫が散ったまま呆然と放置されていた地面によって、笑ったり怒ったりを繰り返した男が、戦後三十年近くを経て、ふたたび地面によって世間の目を引いた。

脳血栓を起こしてから、寝たり起きたりを繰り返していた七十五歳の尾津喜之助の名が、昭和四十七年、全国高額納税者番付で突如十二位に躍り出たのだった。

ほとんどは、たった一件の不動産取引の収入によるものだった。尾津は自身所有の新宿東口のビル一棟を、前年に紳士服の三峰に売却した。[1] 所得は十億三千百二十五万四千円。尾津はこのころ、ビル屋上にヒノキ造りの家を建て、越谷の邸宅と行き来しながら暮らしていたが、[2] 日々発展を続ける大繁華街新宿で商売を続けるには、もう自分が歳を取り過ぎていると悟ったのだろう。

地面は、新宿駅東口前の超一等地である。約五十坪を坪単価二千万、十億の値段は、当時として「適正価格」といってよかった。売却交渉中、尾津は他社から十八億での購入を打診されるが、昔からの店子である三峰に「男として」、売ることに決める。

尾津によれば、戦後まもなくは駅前に四百六十坪を所有していたようだが、自分が刑務所にいるうちに、外国人に居座られ、立ち退き料工面のために切り売りしてしまったんだよと苦笑しているけれど、このあたりは今となっては真偽不明。❖3
面白い後日談がある。三峰との取り引きについて週刊文春に取材されたとき、尾津は判で押したように「三峰のほうから話をしてきたから売ったまで」と繰り返しているのだが、文春は、三峰側へも取材してウラもとった。すると……。

「尾津さんのほうからビルを売りたいから立ちのいてくれというのでやむをえず買ったわけです。これから投資回収に大変なんですよ❖4」

まったく因果が逆。見栄っ張りの尾津らしく思え、笑ってしまうのだが、この話から類推されるのは、本書でここまで追ってきた戦後のあれこれの話も、もしかしたら因果転倒の出来事がいくつもあったのではないか、ということ。

筆者としてできる限りはウラをとっては来たものの、尾津本人の証言しかない事象も当然ながらあり、事実の在り様はもはや確かめようもなく、筆者なりの推定で尾津証言を事実として拾い上げたり、ほかの状況証拠から推測して、あえて採用しなかった話もある。

余談をもうひとつ。

実はこのあともう一度、高額納税者番付で同じ十二位に登場したことがあった。ただしそれは尾津本人ではなく、妻・久子の名によって。尾津没後の昭和五十四年のこと。夫の資産を相続した妻は、莫大な相続税を課せられたのに加えて、経営していたチャーミングコーナー責任者による横領が発覚、またもや土地を切り売りするはめになったのである。

この横領犯はチャーミング——の番頭格で、喜之助・久子両者名義の通帳と印鑑も預かり、尾津が世を去る前の年くらいから勝手に預金を引き出したり、銀行から融資をうけたりと、総額九千万円を着服、その後姿をくらましていた。[5]久子はこれらによって前述、歌舞伎町・区役所通りに面していた百八十坪にまで尾津が買い増していた土地を売却したのだった。時間貸し駐車場になっていたその土地は推定六億五千万円で売れたという。一代で築いたカネは、鬼の居ぬ間にすり減っていった。

このカネというものへの思い。尾津晩年の言葉によく表れているように思う。

燦然《さんぜん》と顔を輝かせた終戦直後の一時代が過ぎ、暗く湿って、こちらが顔をそむけたくなる顔をも自身の年譜に流し込みながら歩んできた尾津。しかし年譜の後半に至っても、明るい顔を必ず挟んでくることに救われる。晩年、昭和四十七年の雑誌インタビューでこう語っている。

「アタシの信念は〝得んとするものはまず人に与えよ〟ということだよ。徳富蘇峰が近世国民史に〝分福〟ということをいっている」[6]

この年、グアム島から帰国した残留日本兵・横井庄一に百万円、豪雨による西日本各地のがけ崩れにも百万円を寄付した。八年前、昭和三十九年の新潟地震には二百五十万円を寄付し、配下八十人を連れて救援活動にも協力していた。ほとんど世から忘れられていた時代になっても、尾津はおのれの信じる任侠道と承認欲求をないまぜにした行動原理を保持し、あちこちに〝分福〟を続けていた。

それでも個人としての収入はすでに、骨董店・扇風堂社長としての月給十五万円のみにしぼられていた。前の年には脳血栓で倒れ[❖7]、たらこをつまみながら冷酒を飲むのを楽しみにする日々。

筆者は不思議な思いがする。華々しい事件事象の渦中にいた戦後期より、世が落ち着き、「時の人」ではなくなった後半生、昭和後期の地味な尾津の記録を目で追うにつれ、かえって彼の体温が伝わってくる思いがするのである。徐々にばかばかしい思いが募っていく。

――尾津に話を聞いてみたい――

すでに歴史のなかに消えた人物にそんな欲求を抱くのはばかげた感覚だが、ならばせめて、かつて彼のなまの姿を瞳に映し、吐かれた言葉を耳に響かせ、あの強い視線に身を任せたことのある人に会えないだろうか。

父の一代記を記した長女・豊子でさえもすでに物故した令和の今、十九世紀に生まれた男を知る人が果たしてまだ街にいるのか――。不安を感じるまま筆者は、街へ出た。

令和に尾津を知る人は？

最初に出会ったのは……この灰皿。

ラーメン丼ほどの大ぶりな縁に梅の花が描かれ、それより目立つように大きく、ど真ん中に「尾津」と記されている灰皿は、寄席の老舗・新宿末廣亭に伝わるもの。昭和二十一年、創業者が小屋掛けするとき、尾津からもらったそうだ。それ以外なにも伝わることがなかったが、後日、尾津本人が雑誌に寄稿した文章から短い記述を見つけた。創業者は尾津のマーケット運営から刺激をうけていたようだ。
「尾津さんのやりかたを見て、私も安心できたから小屋を建てました」と末廣亭の主人が激励してくれたりした。[8]

お追従成分も濃いが、尾津を好意的に見る地元新宿の商店主もやはり多々いた。新装開店時、本人が駆けつけてくれたようなので、灰皿は、そのときに花だとか祝儀だとかと一緒に贈られた記念品なのかもしれない。

灰皿に会えても、一向に人に会えない……。

時だけが過ぎ、ため息をつきつつ新宿を飲み歩き、ほうぼうを訪ね歩き、何度目かの終電を逃しているうち、やっと人に会えた。

終戦時、新宿駅前にマーケットを作った、とあるテキヤ組長の子孫である。早速記録に残るマーケット時代の幹部の名をあげると、「それは弟、ああ、それは叔父」などと組長が現役のころ、親族を起用して

尾津から新宿末廣亭に贈られた灰皿

組を運営していた証言を得ることはできたが、彼はこう付け加えた。

「人にも聞かれますが、でも本当に、そのころのことは何も伝わっていないんです。私こそ知りたいのですよ」

と子孫氏は苦笑した。駅前にあれだけの爪痕を残しながら、露店をほぐし境内を掃き清めてから去っていく周縁の商人たちらしく、組はとうに綺麗に消えていた。テキヤは血統を重んじない。実子分といって、直系子分のなかの有能な人物を親分は見つけ、引き上げて跡目を継がせ、組が保有する権力、権益を委譲する。組織を腐敗させず新陳代謝させ活力を生む見事なシステムで、この国の権力中枢も見習うといいが、右の子孫氏の祖先も忠実に慣例に従った。

組長は力を手放し、半世紀以上前に力は、他所へ流れ出ていった。ただし子孫氏、現在は新宿でテナント事業を行い地元では名を知られた人ではあるので、組長個人で保有していた資産を元手に、子孫氏の数代前、高度成長期には合法的なおもての事業に進出し、今を迎えているのだろうと想像している。

だが、彼の先祖が盃を交わした尾津には、またしても近づけなかった。

新宿駅東口を出れば、スタジオアルタも百果園も閉じてパイナップルを立ち食いする人々の姿もなく、コマ劇跡、新宿東宝ビルが建ってからはゴジラの視線の届かない脇道に、「トー横キッズ」たちが行き場をなくしたままたたずみ、久々の飲食ビルに足を踏み入れるとなじみの店が忽然と消え、どころかフロアのテナントが全く入れ替わっていることも珍しくない令和の新宿。わずか数百メートル、わずか数年を切り取るだけでもこの街が激変し続けているのを感じる。にもかかわらず、もっと昔に生きた人を感じようなど、全くおこがましいだろうか……と、諦めかけたとき——。

「喜之助さん、ええ。何度もお会いしていますよ」
尾津と家族ぐるみの付き合いをしていた人に、奇跡的に出会うことができた。

「母が鉄火な女でね。喜之助さんが『姉さん』って呼ぶくらいだったから。終戦後、新宿でストッキング直しの屋台をはじめてね。米兵相手のオンリーさんたちの、絹のストッキングを直してたのね。そのころ母は尾津さんと知り合ったと思うんだけど」

竹之内由美子さん。七十代後半の女性。由美子さんの母は、戦前、新橋のダンスホール「フロリダ」で踊るのを好むようなモダンガールだった。戦前撮られたポートレートを見せていただいたが、現代の感覚でも美しい人であった。彼女は終戦後新宿で、子どもをおぶいながら絹のストッキングを売る屋台をはじめる。オンリーさんとは、いわゆる「パンパン」と呼称された街娼たちのなかで、特定の進駐軍将校だけに身を売った女性をいう。米兵と連れ立ってきた女たちは、チョコレートやビスケット、砂糖などを持ってきてくれた。あるとき、「パンパン狩り」で当局の取り締まりから逃げて店まで飛び込んできた若い女性。母はとっさに、赤ん坊だった由美子さんをその女性に背負わせ、「うちの子守りよ!」と言って守ってやるような人だった。なるほど、鉄火肌。

少々脇道にそれるが記しておきたいのは、由美子さんには血の繋がらない三人の兄がいたこと。

尾津のマーケットだったかは定かでないが、新宿の闇市で盗みをはたらき、テキヤたちが手を焼いた戦災孤児を三人、母は引き取って育てていた。戦争で家族が全滅し、上野を彷徨ったあと、新宿に流れてきた少年たちだったという。後年母が亡くなったとき、もう中年になっていたそのうちの一人は、母ちゃん

母ちゃんと人目をはばからず泣きじゃくった。三人とも無事大人になることができ、うち二人は警官になった。誰もが他人など顧みる余裕を失った戦後混乱期に、新宿の街にこうした女性がいたことを、ここにあえて記しておきたい。この「鉄火」を尾津は認め、付き合いをしていたのだろう。

母の屋台（露店）のあった場所は、「二幸裏（アルタの裏）あたりかな」と由美子さんはいうので、どの組の闇市かまではわからないものの、東口駅前ではあったよう。お隣りはトウモロコシ焼きの露店だった。尾津と知り合いなのだから、尾津の新宿マーケットと考えるのが自然だが。

露店で資金を貯めた母は二幸裏と武蔵野館付近にカフェを二軒持つ（のちには神田に六軒ものバーやクラブ、キャバレーを開業するほど事業に成功する）。そのころ由美子さんは、尾津邸に遊びに行っている。以後、尾津に間接的にでも触れた感触を残すため、地の文にまとめすぎず、尾津に会ったときのエピソードを、なるべくなまのまま置いていく。尾津の暮らし方、彼を取り巻いた家族の姿も、できるだけ感じられるよう、綴っていく。

「さくら通りの一本裏通り、花園神社とか青線通りの近くに、喜之助さんのお屋敷があったのよ。そこへよく遊びに行った。尾津組のまっちゃんって若い衆の一人がね、お嬢、お嬢って言ってくれて、私を肩車したり、かわいがってもらった。私が好きだった子分の一人に、インテリ風の人がいたんだけど、特攻帰りの人だった。それで、ヒロポン中毒。どこか品があって、きっといいところの出だったかなと思うんだけど、ちょっとヤケになっている感じもあって。その人はあるとき、階段から落ちて死んでしまった」

尾津と尾津組（厳密には尾津商事）はいつも鬱屈を抱えた若者を吸収し、その怒り、たぎりを動力にして稼業を推進していたのだった。

角筈一丁目、靖国通り至近、現在の歌舞伎町・さくら通り付近にあった尾津邸。昭和十八年ごろから尾津はそこに自宅と組事務所を構えている。前述したように、区役所通り付近は、当時モグリの娼街、青線地帯でもあった。由美子さんは母にしかられると花園神社まで走っていっては、いつも境内で休んでいる廃品回収業、いわゆる「バタヤさん」、「顔のまっくろなおじさん」に泣いちゃだめだよ、と慰められるのだった。駅を過ぎ、靖国通りを渡ると、まだこんなに牧歌的な風景の広がる街が歌舞伎町であった。

昭和二十二年生まれの由美子さんの以後の記憶は、昭和三十年代半ばから後半ごろにかけての出来事だろう。由美子さんの家は尾津邸のすぐ側にあった。由美子さんは大きく手を広げるジェスチャーをしながら話す。

「尾津さんの家は、木造三階建ての、お風呂屋さんみたいな大きな御殿でね、すんごい廊下がこう、曲がってるのよ。なんでかっていうと『出入り』(抗争)のとき、(攻撃者を)避けられるようにね」

ある雨の日、由美子さんは、

「今日は絶対に外へ出るな」

母に厳命された。それでも、子どもながらになにか感じる所あり、おそるおそる家の窓から外をみた。すると、尾津邸前に、あっ、まっちゃんの姿。でも、いつものやさしい目をしていない――。幼い由美子さんは震えた。姿も違う。白い長靴をはいて、日本手ぬぐいを縛りつけた抜き身の刀を二本、下げて歩いていた。出入りがあったようだった。記録の上からは、なんの事件によるものか不明。

「そのお屋敷の三階に上がると檜舞台があった。日本舞踊を習わせてたお嬢さん二人が踊るわけ。私も一緒にお稽古したの」

尾津が溺愛した二人の娘、長女・豊子と次女・不二子。由美子さんも一緒に日本舞踊を習っていた。二女の母・久子についても強い印象を記憶していた。

「縞《しま》の着物をキリっと着てね、すっごいきつい感じの女性でね（笑）。若い衆に指示するときなんか、言い方が結構きつい。喜之助さんにさえ『アンタ！』って言う感じね。不二子ちゃんが生まれるとき難産だったの。もう駄目かも……というとき喜之助さんが鉗子《かんし》みたいなのを引っ掛けさせて取り出させた。だから不二子ちゃん、身体に少し傷があった」

元芸者、生涯尾津に添い遂げた女性であり、戦前は夫と大八車を引き、終戦後すぐは、なにかの容疑で勾引され淀橋警察署内で裸にむかれて身体検査されたこともある久子。尾津は怒りのあまり署長に決闘状を送りつけるほどだった。夫が塀の中に消えたあとは子どもをおぶっておでん屋台を曳き、夫を守るため、国会で証言台にまで立った姐《アネ》さんが、弱くいられるはずもない。

次女・不二子は、美しく聡明な長女・豊子といつも比べられ、長じると反発もあって、近隣で商売をしていた男性と駆け落ち、のちに香港へ渡り事業を興し成功したという。次女を不憫に思った尾津は資金援助したかもしれないが、次女本人の商才こそ父から譲られた最大の贈り物だったかもしれない。

そして、尾津喜之助本人の印象は。

由美子さんは、娘たちの踊りの発表をたびたび観に来た男、羽二重の羽織姿、身の丈五尺六寸の男のたたずまいを、今もはっきりと記憶している。

「いい男。かっこよかった。母も、そう言っていた。着物姿でねｌ。ほほに、大きな傷があった。新宿の團十郎って言われたくらいだから。若い衆に『子どもらにちゃんと菓子出してやれよ』、なんて言ってね」

由美子さんがもっとも強く印象に残っているのは、尾津が溺愛した長女・豊子だった。後年、尾津を稀代の英雄として描いた一代記『光は新宿より』をものした豊子である。由美子さんにとっては幼馴染であり、なによりその美しさ、聡明さは際立って感じられた。子分二人がかりで散歩する大きな秋田犬、武蔵と小次郎。二匹をかわいがった豊子は、

「映画にも出ているからね」

昭和二十九年公開、木下惠介監督の松竹映画『二十四の瞳』にも出演。子役として数本の映画に出演するほどの端正な顔立ちだった。新橋演舞場の舞台も踏んでいるから、尾津は松竹の関係者とつながりがあったのだろう。

幼少期の尾津豊子（「世界少年少女画報」昭和29年5月号より）

由美子さん以外にも、豊子を記憶している同級生何人かから話を聞けた。

「綺麗で頭がよくてね。詰め襟の学生服を着た中学生が取り巻きとしてついて歩いていたよ」と教えてくれた職人の親方もいたし、「同じクラスで仲がよかったのよ。豊子ちゃんはとても快活で頭がよくて、そして人柄のいい人だった。子どもは三人いる。たしか股関節の病気がもとで、六十代でなくなって、私はお葬式も行ったのよ」とさびしそうに語る女性もいた。

この豊子と尾津のエピソードを記憶している人が、ほかにもいた。今度は尾津も登場する。

尾津邸での暮らしを覗く

当然ながらとうに尾津組は存在しないが、彼がもともといた流派の露店商グループは今も存続している。しかし尾津を知る人はもうほとんどおらず、たった二人だけ、高齢の露店商が記憶していた。固有の名称や場所は伏せる。まず、八十代女性の証言。女性が二十代前半のころ、昭和三十年代のことと思われるが、あるお祭りで目撃した小事件。店を張る若い者が、露店の品々を眺め歩いていた二十歳前後の女性をからかった。彼女が美しく、目を引いたためだ。

「『おかめみたいにかわいいね』って言ってからかったのね。そうしたら大変よ。親分が子分をひきつれてきて、大騒ぎ。まあ顔に名前が書いてあるわけじゃないから、娘だとはわからないよね」

高齢の姐さんは苦笑したが、六十年ほど前にからかわれた若い娘とは、豊子だった。帰宅して尾津にそれを告げると、飛び出してきたものらしい。姐さんによれば、やはり新宿の尾津邸は大きく、それでも来客は奥へはまず入れず、門の脇の小部屋に通されて尾津と面会したという。お好み焼き店「可ぶき」では、従業員だけでなく、テキヤ時代からの子分も出入りして、洗い物など手伝っていた、とも聞いた。もう一人、証言してくれた老テキヤの親父さんがいる。

「(尾津は) 神様みたいなもんで、俺は話したことなんかないよ。遠くから見ていた。細い顔の、着物を着たおじいさん、だったな。××(神奈川の地名) に分譲地を作ったんだ。たしか、久子姐さんの名義だったように思う」

露店の物陰に腰をおろし、ゆうゆうとタバコを吸いながら記憶を呼び起こしてくれたのは、やはり八十代の露店商。尾津組から分派したとあるグループに所属していた。神奈川のその地名を聞いて、昭和三、四十年代に開発が進んだ土地なので、さもありなんと思えた。尾津建設工業が建売を分譲したのだろう。

「実は息子さんもいたんだよ。だけど俺たちの稼業は、実子は跡目をつがないんだよ。なぜだかしらねえが」

尾津には確かに息子がいたが本人は何も書き残さず、長女・豊子によれば十三歳差の弟ということになる。おそらく庶子であったろう。前述通り、テキヤは世襲を喜ばず、基本的には利権を自分の子に継がせない。古老は、サンズン(売り台)の脇に腰掛け、タバコをくゆらせながら続けざま、遠い目で言った。

「若い衆のころ、砂糖を担いで車に載せてな、運転手として越谷のお宅まで行ったことがある。いやあ、驚いた。大きな池に、屋形船が浮いてるんだよ」

新宿から、晩年を過ごした越谷へ話が跳んでいった。昭和三十二年、尾津は越谷に二千七百坪の広大な土地を得て、屋敷を建てている。元は弁護士が住んでいた屋敷を改築して住んでいたようだ。庭に……屋形船？

筆者も越谷へ跳び、紆余曲折のあと、尾津と交流のあった越谷の古老お二人に出会うことができた。八十代の河田さん（仮名）と七十代の佐々木さん（仮名）。二人とも尾津邸のすぐ近くに住み、交流していた。記憶は今も鮮烈なまま。

「そう、池に船は三艘あったのです。そこで宴会するんですよ。入口には桜が二本、その前に銅像」

今度は銅像？

「ええ、社長のね」

越谷の地元民たちは、尾津を親分とは呼ばなかった。「社長」と呼んでいた。たしかにすでに組はおもてに看板を掲げず、尾津商事社長である。

どんな顔でしたか？

「般若」

「ハハ、そうだったな。実際本人も彫りが深くて、色が黒い」

二人とも鬼と呼ばれた男の印象は共通したものを持っていた。屋形船を模した建物が三棟、水辺に半身をせり出すようにして建ち、客人がくればそこへ通して、もてなす。風流を気取ったに違いないが、驚くべきことに生前のうちに自分の銅像を自分の家の門前に据えつけ、それを見せつけてから中へ導くわけで、この感覚もまた通常人と大きく違っている。

佐々木さんが忘れられないという、嵐の日の尾津の姿。

「雷の日ね。雷鳴り出したら、普通は戸を閉めるでしょう。でも社長は窓をバーっと開けて、空を見てるんですよ」

一面畑の土地で、目に付く大きな建物は尾津邸程度。「このあたりで唯一の避雷針があった」こともあって、黒い雲の間を稲光がギラギラとわたりだすと、庭に面した大きなサッシを開け放って、着流し姿で仁王立ちのまま、大きな目で飽かず空を睨んでいた尾津。半世紀以上を経ても忘れられない異景。


河田さんも嵐の日の思い出を持っている。

強風のために農協の前にそびえていた針葉樹の巨木が、地面から根が半分ほど露出したまま倒れてしまったことがあった。尾津邸には、夫婦で住み込んでいる管理人がいて、ちょうどその妻が農協へやってきた。しかし巨木のために建物のなかへ入ることができない。河田さんもその場に居合わせていた。妻はしぶしぶ引き返していった。ところが——。ややあって苦笑しながらふたたび戻ってきた。「もらってこい」。聞けば社長にそう言いつけられたのだと。河田さんは手伝いを申し出て、狭い農道を四苦八苦しながらオート三輪で牽引して、尾津の家へ巨木を引いていった。邸宅内で一体なにに使ったのだか。

それでも土地の人から恐れられたり、忌まれたりすることも全くなかった。

「なんども泊まりにも行っていますし、庭の芝生のあたりの草むしりをして小遣いをもらったりもしてましたよ。それに、ときどき新宿から来る坊っちゃんの子守ね。一緒に遊んでましたから。坊っちゃんと新宿の社長の家へ行って、生まれてはじめてシュウマイ食べさせてもらいましたね」

佐々木さんは笑う。昭和三十二、三十三年ごろ生まれたと思われる「坊っちゃん」。彼は、尾津の「お妾さんの子」として土地では知られていた。尾津は越谷別宅を作ってからの十数年間は、新宿と行き来しながら暮らし、まだ農村だった越谷の地とは、尾津流の交流を持とうとしていた。河田さんは言う。

「神輿をね、『うちに寄るようにしてくれ』って社長が言うんだよ。それで氏子さんたちに相談したら、尾津さんならいいか、ってなってね。それから立ち寄るようになった。門の前まで神輿かついでいくと、酒とスイカと、金一封をくれる。『ご苦労様』ってね」

近所に八坂神社があり、神輿が神社を発つと、二か所目の休憩所が以来尾津邸になった。そして今も町会の倉庫には、「寄贈 尾津商事株式会社」と刻まれた子ども神輿と太鼓がしまわれている。

「社長がこっち（越谷）へ来るときはすごいよ。リンカーン・コンチネンタルとかあるでしょう、大きいアメ車。ああいうのが十台も二十台も連なって来るんだから」

正月になると、地元民たちは尾津邸に招待される。玄関に入ると、任侠映画の親分宅お決まりの、あの熊だか虎だかの毛皮の絨毯が敷かれ、刀も飾ってあった。広い座敷に通されると、膳と酒が並べられ、尾津が脇息にもたれかかっていた。

「いまはどんな作物がとれますか？」

近所の農家の面々に対し、そんなとりとめもない質問がはじまる。さらに、

「どうだい、儲かるかい」

いたずらっぽい表情を浮かべたりもする。いやあそれほどでも、と頭をかくと、

「なら全部置いていきなさいよ。トラック何台分でも私が全部買うから。四百万円もあれば足りるかな⁉」

そう言って、場をなごませ、地元の皆といっときを過ごすのだった。

夏は十五メートルほどもあるプールを開放し、子分たちや近所の子どもらも遊びにきた。尾津は晩年まで賑やかさを好んだ。水道ホースでは三日かかっても水を貯めきれず、せっかちの尾津は子分に命じ、消防のホースで水を容れると、一晩でプールは満々と水をたたえた。数々の宴を催したが、尾津は、とくに花見が大好きだった。その場面を点描してみよう。

銅像と桜の並ぶ門をくぐると――

まず遠くの池には三艘の屋形船が見え、手前には小屋がある。近づくと動物が。孔雀のつがい、猿、そして、熊（!）。老いた鬼は、熊を飼いならしていた。

余談だが、ある日河田さんが家へ帰ると、縁側に三歳の娘と、その猿がいた。逃げ出していたのだった。即座に捕獲されると、尾津邸から管理人夫婦が謝りに来て、包みを河田さんに渡してきた。開けると、大きな牛の塊肉。昭和四十年代、このような肉をどう調理していいかわからず、面食らったという。

さて庭を見回すと、八十メートルほど、陸上のトラックの形に広がりがこしらえてあり、囲むように桜が植え並べられ、匂い立つほどに満開に咲き誇っている。入場者たちはすぐに、数枚綴りの引換券を渡され、これ一枚と食べ物が交換できるよ、と告げられるのだった。

満開の花の下では、焼きそば、たこ焼きなど、本職のテキヤたちによる露店がずらりとならんでいる。タクシーのほとんどない時代、観光バスを連ねてやってきたテキヤの家族、子どもら、また大勢の近所の人々、その子どもらも邸内を駆け回り、露店で好きな食べ物をもらっている。酒もいくらでもある。朝から晩まで風呂が沸かし続けられ、いつ入ってもいい。桜源郷、という風景。

人々の笑い声があがりはじめたころ、尾津が本邸から姿を現した。着流し姿のまま、プールサイドへ進む。水面に向かって、すでに尾津商事の従業員が並んでいる。多くは女性たちだった。尾津は脇にザルを抱えて、水際に立った。そして……

おもむろに、「そおれ」とかけ声をかけ、むんずとザルからなにかを摑み、次々に水へ放っていく。瞬間、わあと歓声があがり、従業員たちは我先に水へ飛び込んでいく。そおれそおれ！と尾津の指先から離れていく品々は桜舞うなかをキラキラと輝きながら水へ落ちていく。投げ込んでいるのは、宝石だった。

本邸脇におかれた大きな台の前には、着物姿の男たちが行列を作っている。おそらく親分衆だろう。手には皆袱紗《ふくさ》か風呂敷のような布。台の前まで来るとみなそれを解いて、分厚い祝儀袋を積んでいく。型破りな花見の会であった。

桜の花びらが舞い散るなかで、人々が飲み、笑うのを、尾津は歩けなくなっても、豊子の押す車いすに乗ってでも、眺めることを好んだ。

最晩年も春がやってきて、また花見がもよおされた。桜の見えぬ奥の間で、ほとんど伏していた尾津。病床を見舞った客が、それでも世辞を言う。「親分、お顔色がいいですね」。横に座った久子が笑顔のまま、枕頭《ちんとう》の水差しを指さした。なかは、酒だった。

昭和五十年、「店の刃物で事故など起こしてもいけない」と刀剣骨董店・扇風堂をたたみ、尾津は越谷に完全移転。外へはもうほとんど出られなくなった。

翌五十一年、ついに医師より余命を宣告される。葬式の準備をはじめてから、それでも尾津は一年生きた。NHK大河ドラマ『花神』(昭和五十二年放送)や相撲中継を見る日々だった[9]。豊子はほとんどまとまった睡眠をとらず、付きっきりで尾津の身の回りの世話をし、一日中身体をさすった。まだ話がわずかにできた最後のころ、尾津は寝たきりのまま豊子に諭すのだった。

「俺が死んだら、半分は世の中へお返ししろよ」

死の間際、人は本性を露わにするという。半分は自分に、半分は世の中のために。尾津の本心だったように思える。

五月十三日、急性胃カタルを起こし、食事はもう受け付けなくなり、体重は四十キロをきった。

そして昭和五十二年六月二十八日、尾津喜之助は死去。七十九歳であった。戒名は、義修院浄照喜巌大居士。

七月十一日、築地・本願寺で葬儀が行われた。喪主は久子。七十九年の生涯のうち二十七年を獄中で過ごした男は、死亡時、二十四億円の資産があったという。

越谷の古老二人は、そのときのことも鮮明に覚えている。河田さんは人差し指と親指を広げ、手で物差しを作った。

「亡くなったときは凄かった。こっち(越谷)から新宿へ(遺体を)持って行くんだけれども、棺がね、檜を彫刻したもので、縁がな、二寸五分もあった。私は葬儀屋に聞いたんだ。佐藤栄作(首相)が死んだのが昭和五十年。そのとき、外国から大きい霊柩車を買ったんだと。油圧で車輪がグーっとあがるやつ。それを、五十二年の尾津さんの葬儀のときに使った」

当時の越谷は、うねって狭い農道ばかりではあったが、普通の霊柩車なら徐行すれば十分通ることがで

きた。だが、

「社長のお屋敷近くの曲がり角が直角でね、社長の乗った霊柩車は大きすぎて車輪が畑に落ちてしまうから、曲がれなかった。結局、総理大臣が使ったその霊柩車通すのに、建設会社から大きい鉄板をもってきて、渡して、通した」

亡骸はこうして、新宿へと戻っていった。


尾津がこの世を去ってからすでに半世紀近い時が流れている。尾津邸は本人没後十年ほどで、高級住宅地として分譲された。

一人の男が住んでいた土地は、風雅な地名がつけられ、二十軒ほどに分割、数本の路地を引き込み、それでもゆったりと取られた各区画の狭間には、植栽が青々と植えられ、電線は地中化、自治体から景観賞を与えられるほどに瀟洒《しょうしゃ》な一角となって現在を迎えている。分譲価格は、高い区画だと一億越えであったという。

着流しの男が住んでいた時代をしのぶものは、佐々木さんによれば、ひとつ残っているという。それは古井戸。かつて屋形船を浮かべ鯉を飼う池を作るために、尾津が掘らせたものである。そこから水を引いた水路は今も家々のまわりに張り巡らされ、あたかも水の古町、といった風情を演出するのに一役買っている。

あ、と言ってから、佐々木さんが言葉を継ぐ。

「そうそう、あとひとつ。社長がいたころに植えた桜。これが一本だけ残っています」

高級分譲住宅地の正面ゲートに、一本の桜が風に揺れている。これらだけが今、街に残った尾津の痕跡。そうか、尾津もテキヤの美徳を守ったのだな、という思いがよぎる。お祭りのあと、境内の露店をほぐし、掃き清めて水を打って去るように、組も邸宅も、世襲させずに、越谷からも、新宿からも消えた。

黒く、痩せて、しかし天に向けて枝を伸ばす一本の桜。筆者は、傍らまで進んで、幹に触れた。

そのまま頭のなかで天秤を思い浮かべてみる。〝顔〟を場面場面で変えていった男。終戦後に狂い咲き、人に感謝され、憎まれ、恐れられ、愛された男。毀誉褒貶の激しすぎる一人の男を、僭越ながら筆者の心の天秤にかけてみる。

やはり罪より、さわやかさが、わずかに重い。

あとがき

風呂屋の親分

生まれてから数年だけ、私は東京下町のとある街に住んでいた。そのころ、父も母も二十代後半だった。あのころ父は何をしていたのか――おそらくまだトラック運転手にはなっておらず、おしぼり工場にいたころか。埋め立て地の、薄汚れた工場の休憩室で半裸のまま寝ていると、こそばゆさで目を覚ました若い父。腹の上を見ると、黒光りする小判形のあの虫の群れが、一列縦隊でごそごそと横切っていった。同じころ母は、喫茶店のウェイトレスだった。カネがなさすぎる二人は、ミカン箱をひっくり返したその上で、一杯の冷やし中華を分け合ってすすった。繰り返し聞いた昔話。

話はきまって、父が幼い私の手を引いて銭湯へ行った場面へ移っていく。私にはその日の記憶は残っていないが、こんなことがあった。洗い場で父が身体を洗っているうちに、私はふらりと場を離れ、洗い場に座る、細く、老いた男性に近づいていった。そして一声。

「おじちゃん、なんで絵が描いてあるの？」

背中を指さされた老人と、駆け寄ってきた父は、顔を見合わせて苦笑するのだった。「下町あるある」と言っていいエピソードで、後年、父は酒を飲んでは、昭和五十年代の東京臨海部の人々の話をした。

老人は、テキヤの親分であった。

その街はテキヤの多い町だったという。実はいっとき父もその方面へ行こうと少しかじったようで、「俺はたこ焼き焼くのがうまいぞ」なんて言っていたが、母がやめさせた。やがて北関東の郷里へ父と母と私は引っ込み、父は以後終生東京に住むことはなかった。


これだけの話だが、尾津を追っているとき、なぜだかずっと、銭湯で苦笑した親分のイメージが私の頭のなかに浮かんできた。父が話すときの、〝曖昧な笑み〟も。

父はテキヤを語るようにして、コインのおもてうらの関係、博徒を語るときもあったが——その人々のことも肌身でよく知っていたが——〝曖昧な笑み〟がこぼれることはなく、話す目はいつも、鋭かった。

曖昧な笑み。銭湯の親分の話は、尾津没後七、八年ほどもあとのことで、そもそも新宿の大親分となんの関係もない挿話だけれど、どこかが地続きのように感じられ、あの笑みを思い出すとき、自分のなかになにか、澱《おり》が残る。こうした感覚を、私はものを書くとき、結構大切にしている。本書を書き進めながら、資料と資料の間、書かれていない行間をつなごうとするとき、また尾津との距離感をつかみなおすとき、澱は役に立った気がしている。

少々のおことわり

それから、本編書き終えて、読者への事後報告をここに記しておきたい。

資料渉猟で見つけ出した尾津逸話のうち、実を言うと若いころの喧嘩話を大幅にカットしている。たとえば月夜、大勢の討っ手に囲まれながらも白刃を振るって数人を斬り伏せて突破した、というような話。尾津の前半生を描いた伝記、というか小説のような作品が昭和四十年代に書かれているのだが、本人存命中の時期であり、聞き取りを元に書かれたと思われるそれは、各地を流転、苦難の末に大人物へと成長していく貴種流離譚的なお話となっている。チャンバラ話は面白いかもしれないが、ウラのとれない話が多く、本書では一部を除き、ほとんど採用しなかった。

それと長女・豊子による尾津の一代記（『光は新宿より』）も、大いに参考にはしたが、各種エピソードはそのままの形ではあまり採用していない。戦後間もなく新宿のマーケット街を徘徊した野坂昭如《あきゆき》の推薦文もある第一級資料ではあるけれど、父を尊敬するがあまり批判的視点が少ないためだ。父親にあれだけ寵愛されれば、しかたない。

もう一点。カギカッコに入ったセリフ部分について。時代小説であれば、資料に記された事柄と別の事柄へと推移するとき、自然なセリフを創作して物語を前へ進めていくけれど、本書では、ノンフィクションとしての一線を越えないよう、会話文は創作しないよう心掛けた。といっても地の文ばかりでは平板で抑揚がつかないので、カギカッコの発言は、主に尾津の自著二冊や同時代の雑誌などから基本的には引用した。

〝おもて〟への憧憬

尾津は不良少年として走り出し、建設職人、大陸浪人を経て、警察的分類でいえば「政治ゴロ」そのものといっていい一時期を過ごし、かと思えばうなぎ屋台を出したり、途中からやっと露店に専念しはじめ、やがて香具師として成功した。すでに資金力を獲得していた終戦直後には、百凡のテキヤをしのぐ決断力と商才、政治力をもって業界の頭領までのぼって東奔西走した。

侠客であることをことあるごとに公言したがるそのころの尾津の内部には、不良少年以来安定しなかったプロフィールや、純粋培養でない中途組のテキヤであるという負い目が、いつも横たわっていたように思えてならない。国政選挙に打って出たのは、その憂鬱を一挙に振り払おうとしたことも一因にあったはず。

国会で先に待つ先輩たちは、尾津のいた稼業の人々と極めて近似した顔つきの人々だったから、受かれば上手くやったはずだが、落選した。もし尾津が政治家になっていたら……私は彼を追わなかったように思う。大言壮語し、おもて舞台での活躍をいつも夢見ながら、ウラの舞台ばかりに呼ばれ、徐々に世間から退場していかざるを得なかった男の一抹のさびしさ。書き終えてからも悪くない余韻として残った。

最後に、前作（『盛り場で生きる』）に引き続きお世話になった毎日新聞出版の宮里潤さんに御礼申し上げたい。宮里さんによれば、会議で企画を通すとき、若い方々は尾津をご存じなく、ベテランの方々は、「ああ、あの」と懐かしく思い出す人が多かったそうだ。知識豊富な出版社の人々からも半ば忘れられてしまっていることに少々驚きつつも、いま尾津を書く意義を、これを聞いたときに改めて感じた。

書き進めていくなかで、宮里さんから一度として頭ごなしに怒られたことはなく、いつも、より良い内容となるよう、やる気！　元気！が出る言い回しで、的確な指摘と助言をいただいた。感謝です。

一人の男を追ってその生涯を書くことは、私にとってはこれが最初で最後かもしれないが、尾津と戦後の東京を伴走し終えた今、心地よい疲労感が身体に残っている。

フリート横田

令和六年十月

出典

序章

❖1 「新聞記者」第一巻第四号（昭和二十一年）
❖2 『新宿区史』（昭和三十年）
❖3 「毎日新聞」昭和二十年九月二十七日
❖4 3に同じ
❖5 「週刊アサヒ芸能」昭和五十二年七月二十一日号

第一章

❖1 『新やくざ物語』尾津喜之助（昭和二十八年）
❖2 『光は新宿より』尾津豊子（平成十年）
❖3 『OFF LIMITS　くらやみの登場者たち』ダレル・ベリガン（昭和二十四年）
❖4 3に同じ
❖5 3に同じ
❖6 2に同じ
❖7 「新評」昭和四十八年一月号〜十二月号
❖8 1に同じ
❖9 3に同じ
❖10 1に同じ
❖11 2に同じ
❖12 3に同じ
❖13 「毎日新聞」昭和二十二年七月十六日
❖14 「新聞記者」第一巻第四号

❖15 「毎日新聞」昭和二十二年七月十六日
❖16 3に同じ
❖17 『娑婆の風』尾津喜之助（昭和二十三年）
❖18 1、17に同じ
❖19 3に同じ
❖20 「新聞記者」第三巻第一号（昭和二十三年）
❖21 1に同じ
❖22 17に同じ
❖23 17に同じ
❖24 17に同じ
❖25 『新宿歌舞伎町物語』木村勝美（昭和六十一年）

第二章

❖1 『新宿区史』（昭和三十年）
❖2 「第二回国会　参議院　司法委員会」第三十五号　昭和二十三年六月三日の西山証言
❖3 「真相」第十一号（昭和二十二年）
❖4 『昭和　二万日の全記録』第七巻（平成元年）
❖5 『娑婆の風』尾津喜之助
❖6 「自警」第二十九巻第十号（昭和二十二年）
❖7 『東京都江戸東京博物館調査報告書 第2集 ヤミ市模型の調査と展示』（平成六年）
❖8 「ナンバーワン」創刊号（昭和二十三年九月）
❖9 「週刊朝日」第五十四巻第四十号（昭和二十四年）
❖10 5に同じ
❖11 『新やくざ物語』尾津喜之助
❖12 「レポート」昭和二十三年九月号

❖13 『都会の風雪　安田朝信自伝』安田朝信（昭和三十九年）
❖14 13に同じ
❖15 「新聞記者」第三巻第一号（昭和二十三年）
❖16 12に同じ
❖17 「法曹時報」第一巻第五号（昭和二十四年）
❖18 宝来家「西新宿物語」金子正巳（http://horaiya.com/story/past10/）
❖19 「読売新聞」昭和二十二年八月二十二日

第三章

❖1 『新宿区観光協会創立二十五周年記念誌　新宿・世界の繁華街』新宿区観光協会（昭和五十五年）
❖2 「婦人の国」十月号（昭和二十三年）
❖3 「文化グラフS」第十一号（昭和二十三年）
❖4 「りべらる」第六巻第六号（昭和二十六年）
❖5 「自警」第二十九巻第十号（昭和二十二年）
❖6 「週刊朝日」第五十四巻第四十号（昭和二十四年）
❖7 「バクロ」第五号（昭和二十四年）
❖8 『東京都江戸東京博物館調査報告書 第2集 ヤミ市模型の調査と展示』東京都江戸東京博物館編・発行（平成六年）
❖9 「第一読物」二月号（昭和二十四年）
❖10 「大衆クラブ」第三巻第二号（昭和二十四年）
❖11 8に同じ
❖12 「青春タイムス」三月号（昭和二十六年）
❖13 「座談」第三巻第七号（昭和二十四年）
❖14 6に同じ
❖15 「別冊猟奇」NO.2
❖16 4に同じ

❖17 9に同じ
❖18 「モダン日本」第十九巻第十号（昭和二十三年）
❖19 6に同じ
❖20 「商店界」第三十巻第四号（昭和二十四年）
❖21 8に同じ
❖22 「新聞記者」第三巻第一号（昭和二十三年）
❖23 『中小商工業の振興策』川端巌（昭和二十二年）
❖24 「朝日新聞」昭和二十一年五月三十一日
❖25 『何苦礎一代』大沢常太郎（昭和三十八年）
❖26 「ゴム時報」七月号（昭和四十年）
❖27 「相撲」第十一巻（昭和二十一年）
❖28 『娑婆の風』尾津喜之助
❖29 『戦後ゼロ年 東京ブラックホール』貴志兼介（平成三十年）

第四章

❖1 『何苦礎一代』大沢常太郎
❖2 『小説経団連』秋元秀雄（昭和四十三年）
❖3 「小説公園」第四巻 第五号（昭和二十八年）
❖4 「日本週報」第三十六・三十七合併号（昭和二十一年）
❖5 「新聞記者」第三巻第一号（昭和二十三年）
❖6 「話」第二巻第十号（昭和二十七年）
『日本居留四十年　周祥賡自伝』周祥賡（永順貿易　昭和四十一年）
❖7 5に同じ
❖8 5に同じ
❖9 「フーダニット」第二巻第二号（昭和二十三年）

❖10『新やくざ物語』尾津喜之助
❖11「商店界」第一巻第一号（昭和二十一年）
❖12「毎日新聞」昭和二十二年三月二十日
❖13「第二回国会　参議院　司法委員会」第三十五号　昭和二十三年六月三日の百崎証言
❖14『晩霜』相馬愛蔵・相馬黒光（昭和二十七年）
❖15『中村屋100年史』中村屋社史編纂室編（平成十五年）
❖16『戦後東京と闇市　新宿・池袋・渋谷の形成過程と都市組織』石榑督和（平成二十八年）
❖17「週刊サンケイ」昭和五十二年七月二十一日号

第五章
❖1『新宿区観光協会創立二十五周年記念誌　新宿・世界の繁華街』新宿区観光協会
❖2「九州タイムス」昭和二十二年二月二十二日号
❖3『光は新宿より』尾津豊子
❖4「話」第二巻第十号（昭和二十七年）
❖5『東京闇市興亡史』東京焼け跡ヤミ市を記録する会著・猪野健治編（昭和五十三年）
❖6　5に同じ
❖7「毎日新聞」昭和二十二年五月四日
❖8「新聞記者」第三巻第一号（昭和二十三年）
❖9「毎日新聞」昭和二十二年七月十九日
❖10「ナンバーワン」創刊号（昭和二十三年）
❖11「毎日新聞」昭和二十二年六月二十九日
❖12『晩霜』相馬愛蔵・相馬黒光
❖13『三十年の歩み』仙台市傷痍軍人会（昭和五十五年）
❖14「毎日新聞」昭和二十二年七月四日
❖15「毎日新聞」昭和二十二年七月十六日

❖16 「毎日新聞」昭和二十二年七月二十四日
❖17 「第二回国会　参議院　司法委員会」第三十五号　昭和二十三年六月三日の百崎証言
❖18 「毎日新聞」昭和二十二年五月二十四日
❖19 「毎日新聞」昭和二十三年六月三日
❖20 「毎日新聞」昭和二十三年六月八日
❖21 『司法権独立の歴史的考察』家永三郎（昭和三十七年）
❖22 「毎日新聞」昭和二十三年六月二十九日
❖23 『新やくざ物語』尾津喜之助
❖24 「読売新聞」昭和二十三年一月二十一日
❖25 「読売新聞」昭和二十三年二月十日
❖26 「第二回国会　参議院　司法委員会」第三十五号　昭和二十三年六月三日の百崎証言
❖27 4に同じ
❖28 「東商」昭和三十九年八月号
❖29 「週刊朝日」第五十四巻第四十号（昭和二十四年）
❖30 『娑婆の風』尾津喜之助
❖31 「真相」昭和二十三年十二月一日
❖32 「読売新聞」昭和二十六年十月十三日夕刊
❖33 「レポート」昭和二十三年九月号
❖34 29に同じ
❖35 「東京通信」昭和二十九年五月三十日
❖36 「実業之日本」第五十五巻五号（昭和二十七年）
❖37 『中村屋100年史』中村屋社史編纂室編
❖38 「週刊サンケイ」昭和四十八年五月二日号
❖39 『中野区史』昭和編二（昭和四十七年）
❖40 『新商売往来』村上尚達（昭和二十三年）

❖41　37に同じ
❖42　「読売新聞」昭和二十七年六月十三日
❖43　「読売新聞」昭和二十七年九月十九日
❖44　「読売新聞」昭和二十七年九月六日
❖45　「週刊サンケイ」昭和五十二年七月二十一日号
❖46　1に同じ
❖47　『暴力新地図』毎日新聞社社会部編（昭和三十三年）
❖48　「花も嵐も」平成九年十二月一日号（花嵐社）
❖49　「週刊サンケイ」昭和二十八年三月十五日号
❖50　「読売新聞」昭和二十九年九月十八日
❖51　「朝日新聞」昭和三十年十二月十四日
❖52　「朝日新聞」昭和三十一年一月四日
❖53　「自警」第三十八巻第九号（昭和三十一年）
❖54　「週刊アサヒ芸能」昭和五十二年七月二十一日号
❖55　「朝日新聞」昭和三十四年一月二十日夕刊
❖56　『右翼事典 ―民族派の全貌―』社会問題研究会編（昭和四十五年）
❖57　『東京都議会史』東京都議会議会局議事部編（昭和四十五年）
❖58　「読売新聞」昭和三十六年五月二十三日夕刊
❖59　『最高裁判所裁判集』昭和三十六年五月―七月・刑事第一三八号
❖60　「新日本紀行」第四十巻「新宿 ～東京～」
❖61　38に同じ
❖62　「週刊文春」昭和四十八年五月二十一日号
❖63　「現代の眼」昭和四十七年四月号

❖1　『やくざ親分伝』猪野健治（平成十四年）
❖2　『光は新宿より』尾津豊子
❖3　「週刊サンケイ」昭和四十八年五月二日号
❖4　「週刊文春」昭和四十八年五月二十一日号
❖5　「読売新聞」昭和五十四年八月三十一日
❖6　3に同じ
❖7　「週刊アサヒ芸能」昭和五十二年七月二十一日号
❖8　「話」第二巻第十号（昭和二十七年）
❖9　7に同じ

主要参考文献一覧（五十音順）

「アジア文化」第十七号（アジア文化総合研究所出版界　平成四年）
「同」二十一号（同　平成八年）
『右翼事典 ―民族派の全貌―』社会問題研究会編（双葉社　昭和四十五年）
「オール読物」昭和二十二年六月号（文藝春秋新社）
『OFF LIMITS　くらやみの登場者たち』ダレル・ベリガン（世界評論社　昭和二十四年）
「九州タイムス」昭和二十二年二月二十二日号（九州タイムス社）
「現代の眼」昭和四十七年四月号（現代評論社）
「ゴム時報」昭和四十年七月号（松浦新七　ゴム時報社）
『最高裁判所裁判集』昭和三十六年五月―七月・刑事第一三八号（最高裁判所）
「座談」昭和二十四年九月一日号（文藝春秋新社）
『三十年の歩み』仙台市傷痍軍人会（昭和五十五年十二月）
「サンデー毎日」昭和四十九年一月二十日号（毎日新聞社）
「自警」第二十九巻第十号（自警会　昭和二十二年十月一日）
「同」第三十八巻第九号（自警会　昭和三十一年九月一日）
「実業之日本」第四十九巻第二号（実業之日本社　昭和二十一年）
「同」第五十五巻第五号（実業之日本社　昭和二十七年）
『司法権独立の歴史的考察』家永三郎（日本評論新社　昭和三十七年）
『実録・風雪の極東五十年史　桜道の譜　第一巻』池田亨一（三浦エンタープライズ　昭和五十六年）
『娑婆の風』尾津喜之助（喜久商事出版部　昭和二十三年）
「週刊朝日」第五十四巻第四十号（朝日新聞社　昭和二十四年）
「同」第五十七巻第二十二号（朝日新聞社　昭和二十七年）
「週刊アサヒ芸能」昭和五十二年七月二十一日号（徳間書店）
「週刊サンケイ」昭和二十八年三月十五日号（サンケイ出版）

「同」昭和四十八年五月二日号（サンケイ出版）
「同」昭和五十二年七月二十一日号（サンケイ出版）
「週刊文春」昭和四十八年五月二十一日号（文藝春秋）
「衆望」昭和二十一年九月号（衆望社）
『小説経団連』秋元秀雄（雪華社　昭和四十三年）
「小説公園」第四巻第五号（六興出版　昭和二十八年）
「商店界」第一巻第一号（商店界社　昭和二十一年）
「同」第三十巻第四号（商店界社　昭和二十四年）
『昭和　二万日の全記録』第七巻　講談社編・発行（講談社　平成元年）
『新宿歌舞伎町物語』木村勝美（潮出版社　昭和六十一年）
『新宿区観光協会創立二十五周年記念誌　新宿・世界の繁華街』新宿区観光協会（昭和五十五年）
『新宿区史』新宿区役所編（昭和三十年）
『新商売往来』村上尚達（林書房　昭和二十三年）
「真相」昭和二十三年十二月一日号（人民社）
「新評」通巻二百三十三号〜二百四十四号（新評社　昭和四十八年）
「人物論」創刊号（人物論社　昭和二十一年）
「新聞記者」第一巻第四号（新聞記者室　昭和二十一年）
「同」第三巻第一号（新聞記者室　昭和二十三年）
『新やくざ物語』尾津喜之助（早川書房　昭和二十八年）
「相撲」第十一巻　日本大相撲協会編・発行（昭和二十一年）
「青春タイムス」昭和二十六年三月号（青春タイムス社）
『全国高額所得者名簿　昭和四十八年版』（東京商工興信所　昭和四十八年）
『戦後社会の実態分析』大河内一男（日本評論社　昭和二十五年）
『戦後ゼロ年　東京ブラックホール』貴志謙介（ＮＨＫ出版　平成三十年）
『戦後東京と闇市　新宿・池袋・渋谷の形成過程と都市組織』石榑督和（鹿島出版会　平成二十八年）

『戦後日本財界史』鈴木松夫（実業之日本社　昭和四十年）
『総聯東京都台東支部同胞沿革史テドン』在日本朝鮮人総聯合会台東支部
「第一読物」昭和二十四年二月号（昭和二十四年）
「大衆クラブ」第三巻第二号（日本共産党出版部・中央書籍　昭和二十四年）
「旅と読物」第三巻第九号（交通協力会　昭和二十三年）
『堕落論』坂口安吾（新潮社　昭和二十一年）
『中小商工業の振興策』川端巌（経済科学社　昭和二十二年）
『東京盛り場風景』酒井眞人（誠文堂　昭和五年）
「東京通信」（黄土社　昭和二十九年五月三十日）
『東京都議会史』東京都議会議会局議事部編（東京都議会議会局　昭和四十五年）
『東京都江戸東京博物館調査報告書 第2集 ヤミ市模型の調査と展示』東京都江戸東京博物館編・発行（平成六年）
『東京闇市興亡史』東京焼け跡ヤミ市を記録する会著・猪野健治編（草風社　昭和五十三年）
「東商」昭和三十九年八月号（東京商工会議所）
『都会の風雲 安田朝信自伝』安田朝信（東京書房　昭和三十九年）
「内外タイムス」昭和二十八年九月十四日号（内外タイムス社）
『中野区史　昭和編二』（中野区　昭和四十七年）
『中村屋100年史』中村屋社史編纂室編（中村屋　平成十五年）
『何苦礎一代』大沢常太郎（わせだ書房　昭和三十八年）
「ナンバーワン」創刊号（ナンバーワン社　昭和二十三年）
『日本華僑と文化摩擦』山田信夫編（巌南堂書店　昭和五十八年）
『日本居留四十年　周祥賡自伝』周祥賡（永順貿易　昭和四十一年）
「日本週報」第三十六・三十七合併号（日本週報社　昭和二十一年）
「日本ユーモア」第三巻第七号（日本ユーモア社　昭和二十三年）
「ニュース街」秋読物号（北陸情報社　昭和二十三年）
「バクロ」第五号（車田書房　昭和二十四年九月一日）

「話」第二巻第十号（東京社　昭和二十七年十月一日）
「花も嵐も」平成九年十二月一日号（花嵐社）
『晩霜』相馬愛蔵・相馬黒光（東西文明社　昭和二十七年）
『光は新宿より』尾津豊子（K&Kプレス　平成十年）
「フーダニット」第二巻第二号（犯罪科学研究所　昭和二十三年）
『藤倉康善＝人と事業 株式会社藤倉化学興業所　55年史』（藤倉化学興業所　昭和四十三年）
「婦人の国」昭和二十三年十月号（婦人の国社）
「文化グラフS」第十号（展望社　昭和二十三年）
「同」第十一号（展望社　昭和二十三年）
「別冊猟奇」NO．2（人間館）
「法曹時報」第一巻第五号（法曹会　昭和二十四年）
『暴力新地図』毎日新聞社社会部編（浪速書房　昭和三十三年）
『僕の昭和史』安岡章太郎（講談社　平成三十年）
「漫画」第十五巻第三号（漫画社　昭和二十二年）
「モダン日本」第十九巻第十号（新太陽社　昭和二十三年）
『やくざ親分伝』猪野健治（筑摩書房　平成十四年）
『やくざの世界』ダーレル・ベリガン（近代思想社　昭和二十三年）
「読物時事」新春特大号（時事通信社　昭和二十四年）
「りべらる」第六巻第六号（太虚堂書房　昭和二十六年）
『歴史の桎梏を越えて　20世紀日中関係への新視点』小林道彦・中西寛編著（千倉書房　平成二十二年）
「レポート」第三巻第九号（時事通信社　昭和二十三年）

そのほか、国会会議録、WEBサイト（宝来家「西新宿物語」金子正巳、新宿大通商店街振興組合ホームページ）、新聞記事（読売、朝日、毎日、山形）、映像資料（NHK「新日本紀行」第四十巻 新宿 ～東京～）も参考にしました。また越谷市郷土研究会にご協力賜りました。御礼申し上げます。本文中の写真のうち、クレジット表記がないものは毎日新聞社に帰属します。

◎協力
朝日新聞社
山形新聞社
東京都青果物商業協同組合

本書は書き下ろしです。

フリート横田
昭和五十四年生まれ。文筆家。ノンフィクション作家。戦後から高度成長期の歓楽街のルポや、昭和の庶民生活にまつわるエッセイを雑誌や新聞、ウェブメディアに寄稿。また戦争証言を記すこともライフワークとしている。著書に『横丁の戦後史』（中央公論新社）、『盛り場で生きる』（毎日新聞出版）、『東京ノスタルジック百景』（世界文化社）など。

新宿《しんじゅく》をつくった男《おとこ》
戦後《せんご》闇市《やみいち》の王《おう》・尾津《おづ》喜之助《きのすけ》と昭和《しょうわ》裏面史《うらめんし》

印刷　2024年12月15日
発行　2024年12月30日

著者　フリート横田《よこた》
発行人　山本修司
発行所　毎日新聞出版
〒102-0074
東京都千代田区九段南1-6-17 千代田会館5階
営業本部　03-6265-6941
図書編集部　03-6265-6745
印刷・製本　光邦

ISBN 978-4-620-32821-8